Marburger Schriften zur Lehrerbildung

**Marburger Schriften
zur Lehrerbildung**

Herausgegeben von
Prof. Dr. Bernhard Dressler und
Prof. Dr. Lothar A. Beck
im Auftrag des
Zentrums für Lehrerbildung
der Philipps-Universität Marburg

Band 5

Gute Frage!

Lehrerfragen als pädagogische Schlüsselkompetenz

von

Michael Lindner

Tectum Verlag

Michael Lindner

Gute Frage!
Lehrerfragen als pädagogische Schlüsselkompetenz
Marburger Schriften zur Lehrerbildung; Band 5
Umschlagabbildung: © Michael Lindner
ISBN: 978-3-8288-2612-0
ISSN: 1868-2839

© Tectum Verlag Marburg, 2011

Besuchen Sie uns im Internet
www.tectum-verlag.de

Bibliografische Informationen der Deutschen Nationalbibliothek
Die Deutsche Nationalbibliothek verzeichnet diese Publikation in der
Deutschen Nationalbibliografie; detaillierte bibliografische Angaben sind
im Internet über http://dnb.ddb.de abrufbar.

Vorwort

Im Kontext der schultheoretischen, erziehungswissenschaftlichen didaktischen Diskussion über Bildungsstandards und kompetenzorientierten Unterricht ist das Problem einer fachdidaktischen Aufgabenkultur wieder stark in den Mittelpunkt gerückt. In solchen Diskussionen über kompetenzorientierten Unterricht zeigt sich eine Spannung zwischen Theorie und Forschungslage einerseits und der Praxis des alltäglichen Unterrichts andererseits. In der alltäglichen Unterrichtspraxis auch im Fach „Politik und Wirtschaft" wird die Aufgabenkultur aufgrund der Dominanz des Fragen – entwickelnden Unterrichts im Wesentlichen durch die Lehrerfrage bestimmt. In der Theorie und in der Forschung ist die Auseinandersetzung mit der Lehrerfrage im Vergleich zu den siebziger Jahren aber an den Rand gerückt.

Die Arbeit von Herrn Lindner setzt an diesem theoretischen und empirischen Desiderat der Politikdidaktik an. Ziel der Arbeit ist es, dass in der Lehrerfrage „verborgene Potential" für einen kompetenzorientierten Unterricht sowohl theoretisch als auch empirisch zu untersuchen.

Im theoretischen Teil seiner Arbeit gibt Herr Lindner einen historischen Rückblick über Diskussionen über die Lehrerfrage in der Pädagogik und Didaktik und einen instruktiven Überblick über die aktuelle Forschungsliteratur zur Lehrerfrage. Er setzt sich hier weiter mit einzelnen Facetten oder Teilaspekten auseinander, die für die Lehrerfrage zentral sind: mit Funktion, Form, Arten und Techniken der Lehrerfrage. Der Theorieteil der Arbeit schließt mit einem Überblick über einschlägige quantitative Untersuchungen zur Lehrerfrage. Insgesamt entsteht in diesem Teil der Arbeit ein eindrucksvoller Literaturbericht über die bisherige Forschungslage zur Lehrerfrage.

Der Schwerpunkt der Arbeit liegt im ihrem empirische Teil der Arbeit. in Form einer Falluntersuchung analysiert Herr Lindner eine Unterrichtsstunde „Einführung in die soziale Marktwirtschaft", die in einer Klasse 9 eines sächsischen Gymnasiums gehalten wurde. Die Datengrundlage für diese Fallanalyse sind eine Videoaufzeichnung und ein Transkript der Stunde. Der empirische Teil bestätigt die Ergebnisse bisheriger Forschungen z.B. in Bezug auf die hohen Redeanteile des Lehrers, auf die zu kurzen Wartezeiten bei Fragen und auf das geringe kognitive Niveau von Lehrerfragen. Besonders interessant sind die Ergebnisse der empirischen Untersuchung dort, wo Herr Lindner das kognitive Anforderungsniveau der Lehrerfragen in dieser Stunde auf der Grundlage theoretischer Modelle zu Typen oder Kategorien der Lehrerfrage untersucht. Er kann zeigen, wo sich diese Modelle bewähren, bzw. wo blinde Flecken liegen (z.B. bei Methodenfragen oder bei Verfahrensklärungsfragen).

Die hervorragende Leistung dieser Examensarbeit liegt darin, dass sie sich sowohl theoretisch als auch empirisch instruktiv, souverän und eigenständig mit einen Desiderat der Politikdidaktik auseinander setzt und dabei zu interessanten und aufschlussreichen Ergebnissen kommt.

Marburg, im Februar 2011   Prof. Peter Henkenborg

„Der Jugend eine gelehrte Bildung geben heißt folglich nicht: ein aus Schriftstellern zusammengetragenes
Gemenge von Wörtern, Sätzen, Aussprüchen und
Meinungen in ihren Geist hereinstopfen, sondern ihr
das Verständnis der Dinge entschließen, daß aus ihm
wie aus einem lebendigen Quell Bächlein entspringen
und – wie aus den Knospen der Bäume – Blätter,
Blüten und Früchte sprießen, jedes Jahr aber aus der
Knospe wieder ein neues Zweiglein mit seinen Blät-
tern, Blüten und Früchten hervorbricht."

Johann Amos Comenius[1]

„In dem Prozess von Fragen und Antworten gibt es
ein Weiterschreiten und einen Aufstieg von einem
Niveau zu einem anderen. Als Fragend-Erkennende
betreten wir, einzeln oder in Gruppen, den Raum der
Geschichte. Die im Fragen erworbenen Einsichten
sind übertragbar, ein Besitz, den eine Generation an
die kommenden vererbt."

Erwin Straus[2]

[1] Aus: Flittner, Andreas (1992) (Hrsg.): Comenius, Johann Amos: Große Didaktik.
7. Auflage. Stuttgart: Ernst Klett-Verlag, S. 110.

[2] Aus: Freiherrn von Gebsattel, Victor E./ Kafka, Gustav (1953) (Hrsg.): Jahrbuch für
Psychologie und Psychotheraphie. 1. Jg., Heft 2. Würzburg: Echter-Verlag, S. 153.

Inhaltsverzeichnis

Das Potential von Fragen

Der Lehrer[1] stellt eine Frage, der Schüler antwortet darauf, der Lehrer gibt durch eine Bewertung ein unmittelbares Feedback und stellt erneut eine Frage. Schulunterricht ohne diese Art der Kommunikation ist aus unserer Erfahrung heraus nicht denkbar und diese Grundstruktur konstituiert den Verlauf der meisten Unterrichtsprozesse. Lehrerfragen gehörten und gehören für jeden Schüler zum Alltag des Unterrichts und die fragend-entwickelnde Form der Wissensvermittlung ist immer noch die vorherrschende Unterrichtsmethode in deutschen Schulen (typisches deutsches „Unterrichtsskript"). Ein Lehrer, dessen Entscheidungsdichte mit jener eines Fluglotsen vergleichbar ist, stellt 100 Fragen am Tag, 20.000 in einem Schuljahr und bei durchschnittlich vierzig Arbeitsjahren somit ganze 800.000 Fragen im gesamten Arbeitsleben. Hinzu treten noch schriftliche Arbeitsaufträge, die sich auf ca. 1000 pro Jahr und 40.000 im absolvierten Berufsleben beziffern lassen (Becker 1995, S. 101f.). Die Fragetechnik scheint gleichsam das „Handwerkszeug" der Lehrperson zu sein und findet gerade in dieser kommunikationsträchtigen Berufssparte alltäglich ihre Anwendung.

Allgemein wird unter dem Vorgang des Fragens eine Situation verstanden, in der der Fragende die ihm fehlenden Informationen von dem Befragten einholen möchte, um damit seine eigenen Wissensdefizite zu verringern. Nun scheint aber besonders im schulischen Kommunikationsprozess jene angeführte Annahme nicht oder nur sehr selten existent zu sein, da der Lehrkörper sehr wohl über das Wissen verfügt, welches durch die Fragestellung eigentlich erst erfahrbar werden soll. Dennoch ist die Frage aus dem Schulunterricht nicht wegzudenken und hat durch ihre didaktische Funktion der Steuerung und Organisation von Lernvorgängen und Denkprozessen durchaus ihre Berechtigung (Seel 1983, vgl. S. 241). Niegemann (2004, vgl. S. 346) spezifiziert geeignete Fragen als ein Mittel zur Fokussierung der Aufmerksamkeit, Förderung der Mehrperspektivität und der gezielteren Textbearbeitung. Die Suche nach Kriterien für „geeignete Fragen" in den jeweiligen Situationen schließt sich sodann unmittelbar an. Verschiedene Modelle zur Klassifizierung der Lehrerfrage sind hierfür entwickelt worden, die neben der Quantität auch die Qualität der Lehreräußerungen erfasst. Es liegt nahe, diesem Unterrichtsmittel der „Lehrerfrage" Aufmerksamkeit zu schenken und diese Thematik genauer zu analysieren. Welche Fragen stellen Lehrer ihren Lerngruppen? Wie häufig stellen Lehrer in einer Klasse in einer Unterrichtsstunde Fragen? Hat sich an der Art der Fragestellungen im Laufe der Zeit etwas geändert? Sind Lehrerfragen unterschiedlich schwer zu beantworten?

---

[1] In dieser Arbeit wird auf Grund der Übersichtlichkeit und der sprachlichen Verständlichkeit wegen bei der Nennung der männlichen Anrede von Schüler, Lehrer und Leser die weibliche Form stets mit eingeschlossen.

Verstehen wir Wissen als eine Art Netzwerk beziehungsweise als Netzstruktur, so können neue Anknüpfungspunkte leichter gefunden werden, je dichter diese Struktur des Wissens ist. Wissenserwerbs- und Lernprozesse wirken auf diese Verdichtung positiv ein und „ein hohes Maß an Verständnis ist dementsprechend als hoher Vernetzungsgrad des Wissens in Verbindung mit einer hohen Qualität an metakognitiven Problemlösungsstrategien zu definieren" (Buchalik/Riedl 2007, S. 7). Wenn das Denken des Rezipienten mit Fragestellungen beeinflusst und gesteuert werden kann, so ist eine Klassifizierung dieser möglichen Fragetypen sinnvoll, um deren Auswirkungen auf die Netzstruktur des Wissens einschätzen zu können.

Das Potential, das in Fragen verborgen liegt, soll in dieser Arbeit genauer untersucht werden. Nicht zuletzt wird dies auch auf der Basis von Einschätzungen von Lehrpersonen als notwendig erachtet, da sich diese auf Grund von mangelnden wissenschaftlichen Kenntnissen nicht dazu in der Lage sehen, produktive Fragen im Unterrichtsprozess zu stellen (Whitby 1992, vgl. S. 112). Dies scheint ein Grund für den überwiegenden Gebrauch von Fakten- und Erinnerungsfragen zu sein, deren kognitives Anspruchsniveau bei Schülern als zu niedrig angesehen wird. Wenn sich der Lehrer als ein Begleiter von Lernprozessen und damit der individuellen Förderung von Verstehensprozessen einzelner Schüler versteht, so gibt es auf Grund der nicht immer gelingenden Kommunikation Probleme in der Lehr-Lern-Situation. Einen wesentlichen Part in dieser Situation der Prozessbegleitung bei Schülern wird die Form der Fragestellung einnehmen, weshalb diese Arbeit für eine aufmerksamere und differenziertere Nutzung der Fragetechnik sensibilisieren möchte. Dazu wird nach einem historischen Überblickskapitel über die Entwicklung der Lehrerfrage (1) auf den bisherigen Forschungsstand (2) und die für die Fragengenerierung notwendigen diversen Facetten (3) eingegangen. Hierunter wird die Funktion (3.1) und die Form (3.2) von Fragestellungen gefasst, derer es sich zu vergewissern gilt. Bestimmte Fragen erfüllen nur in spezifischen Unterrichtssituationen und unter Beachtung der korrekten Syntax ihre gewünschte Wirkung. Über die Möglichkeit der Erhöhung, Erniedrigung bzw. Beibehaltung des angesprochenen kognitiven Niveaus soll das anschließende Kapitel 3.2 über Fragenfolgen Auskunft geben. Welche Klassifizierungen beziehungsweise verschiedenen Arten von Lehrerfragen es gibt – und es sind bei weitem nicht alle Variationen aufgezählt – wird das folgende Kapitel aufzeigen (3.4). Einem wesentlichen Punkt widmet sich dann Kapitel 3.5: Die Wartezeit des Lehrers nach einer Fragestellung. Es wird herausgearbeitet, wie wichtig eine ausreichende Wartezeit für den kognitiven Prozess eines Schülers und damit für die Generierung seiner Antwort ist. Immer wieder im Zusammenhang mit dem Thema der „Frage" genannt, soll das anschließende Kapitel die Unterschiede zwischen Fragen, Impulsen und Denkanstößen herauszustellen versuchen. Quantitative und qualitative Aspekte runden dieses dritte Kapitel ab und gewähren Einblicke in die Fragenutzung innerhalb des Klassenraumes.

Um eine Verbesserung des Frageverhaltens von Lehrern zu erreichen, bieten sich verschiedene Trainingskonzepte an, von denen zwei Konzepte im Kapitel 4 näher erläutert sowie deren Erfolgschancen nach anschließenden Untersuchungen dargestellt werden sollen. Mit einem Blick auf die korrekte Verwendung des Begriffs des fragend-entwickelnden Unterrichts wird der erste Teil der Arbeit, der sich mit der theoretischen Aufarbeitung um das Themenspektrum der Lehrerfrage beschäftigt, abgeschlossen. Wie zu sehen sein wird, findet die Verwendung dieser Methode weniger Anwendung, als von den Pädagogen selbst gedacht und eingeschätzt wird.

Kapitel 6 widmet sich einem konkreten Fallbeispiel und analysiert im ersten Unterkapitel die Konzeption der Stunde, die Klassenzusammensetzung und gibt neben dem Eindruck des Autors auch die für das nächste Kapitel relevante Vorgehensweise der Beobachtung an. Kapitel 6.2 wird sich dann mit der Analyse und der Auswertung der gesammelten Lehrerfragen der beobachteten Stunde beschäftigen, wobei sich die Auswertung an den im Theorieteil dieser Arbeit dargelegten Kapitel orientieren wird und die Ergebnisse aus der empirischen Studie in die dargestellten Forschungsexplorationen eingeordnet werden. Nicht zuletzt diese Einordnung und Bewertung der erhobenen Daten dienen der genaueren Betrachtung der Gesprächsmethode, die durch die Lenkung des Lehrers mittels Fragen um ein determiniertes Themengebiet kreisen und im Alltag des Unterrichtsgeschehens strukturiert wird. Dabei soll in diesem Abschnitt (Kapitel 7) auf die Besonderheit der Kommunikation im Politik- und Wirtschaftsunterricht eingegangen werden. Der Abschluss dieser Arbeit soll das Gesagte nochmal kurz zusammenfassen, den theoretischen und praktischen Teil verknüpfen und die Fragetechnik als Schlüsselkompetenz des Pädagogen ins Zentrum der Beobachtung stellen. Dabei wird auch auf die derzeitige Ausbildungssituation für angehende Lehrkräfte eingegangen.

Es wird in dieser Abhandlung davon ausgegangen, dass Lehrer im alltäglichen Unterrichtsprozess mehr Fragen als Schüler stellen und diese Fragen überwiegend auf die Reproduktion und Erinnerung von Wissen rekurrieren. Damit wird die Chance für einen kognitiv anspruchsvollen Unterricht vertan und kreativem sowie weitreichendem und komplexem Denken von Schülern keinen Raum gelassen. Zudem wird eine Darlegung komplexer Gedankenprozesse seitens der Schüler durch eine zu kurze Wartezeit von Lehrern verhindert. Diese sehen in der schweigenden Masse von Lernenden nicht die mögliche, oft auch anstrengende und zeitraubende gedankliche Auseinandersetzung mit einem Problem und der Reaktivierung sowie Neuverknüpfung von Wissenselementen, sondern eine rezeptive, eventuell unterforderte, doch eher nicht wissende Gruppe von Individuen. Klar strukturiertes, prüfbares und auswendiglernbares Wissen steht im Mittelpunkt des Unterrichts und die Art der Fragestellung forciert diese Ansichtsweise beziehungsweise bringt diese explizit zum Ausdruck. Anspruch dieser Arbeit ist die erneute empirische Feststellung der Qualität und Quantität von

Lehrerfragen, in dem vorliegenden Falle jedoch spezifisch für den Politik- und Wirtschaftsunterricht. Neben der Bestätigung der bisherigen, allerdings nicht mehr aktuellen Forschungsdaten, wird ein neues Kategorienschema für die Einordnung von Fragen herangezogen, das im Hinblick auf die derzeitigen Anforderungen im Politik- und Wirtschaftsunterricht entworfen wurde. Daher soll diese Arbeit Pionierarbeit in Form des Gebrauches und der kritischen Hinterfragung des Modells leisten, Kritikpunkte nennen und Verbesserungsvorschläge präsentieren.

1 Der Streit um die Lehrerfrage – ein historischer Überblick

Die Anwendung der Lehrfrage im Unterricht ist keineswegs eine seit Anbeginn des 20. Jahrhunderts oder in der heutigen Zeit aufkommende Methode, um Unterricht zu gestalten, sondern vielmehr eine seit Jahrhunderten verwendete Form des Lehrenden, den Lernenden Wissen und Phänomene der Umwelt näher zu bringen. Im Zuge der diversen Ansichten darüber, wie die Frage des Lehrenden anzuwenden sei, entstanden zahlreiche Streitgespräche, die eine Reform der bisher dargebrachten Lehrerfrage zur Folge hatten.[2]

Dem Ursprung des fragend-entwickelnden Unterrichts folgend kann eine Verwendung von Fragen seitens des Lehrenden gegenüber dem Lernenden schon im antiken Griechenland gesehen werden. Platon überlieferte uns die Dialoge des Sokrates, anhand derer die Fragekunst eingehend studiert werden kann. Sokrates als Begründer der Mäeutik (Hebammenkunst) legt im Gespräch mit Menon dar, dass der Mensch im Besitz von Wissen ist (latente Erfahrung), das es nur wieder zu erinnern gelte.[3] Als Beispiel hierfür ruft er einen Sklave herbei und stellt ihm die Aufgabe, ein zwei mal zwei Fuß großes Quadrat zu verdoppeln. Als dem Sklaven ersichtlich wird, dass seine Lösungsansätze nur unzulänglich sind, gelingt es Sokrates, dem Sklaven mit Hilfe eines Frage-Antwort-Gesprächs die Lösung der Aufgabe erkennbar zu machen. „Der Lehrer hat ihm geholfen, dieses Wissen zu entbinden; er gleicht einer Hebamme, die ja auch nicht das Kind erzeugt, sondern der Mutter hilft, es zur Welt zu bringen" (Prange 1986, S. 29). Anhand der Antworten des Sklaven ist zu erkennen, dass die Fragen des Sokrates weitestgehend Entscheidungsfragen sind, die der Sklave nur mit „Ja" oder „Nein" beantworten muss. An diesem Beispiel ist exemplarisch zu sehen, was im Verlauf der Diskussion um die Lehrerfrage der sokratischen Methode vorgeworfen wur-

---

[2] Die Reihenfolge der hier nur jeweils in Ansätzen vorgestellten Unterrichtskonzepte mit besonderem Blick auf die Lehrerfrage orientiert sich weitestgehend an dem Werk von K.-H. Bloch (1969).

[3] Als Begründung gereicht Sokrates hier die Unsterblichkeit der Seele. Somit muss in einem vorausgegangenen Leben irgendwann ein Kontakt mit dem Wissen, welches es hier zu erinnern gilt, gekommen sein. Der Mensch hat sich diese reinen Gedanken in der Präexistenz der Seele bei den Göttern abgeschaut und erinnere sich nun durch die Sinneswahrnehmung in Raum und Zeit an diese wieder (Apriorismus; siehe auch Höhlengleichnis). Damit umgeht Sokrates den von den Eristiker aufgeworfenen Widerspruch, „daß es dem Menschen nicht möglich ist zu forschen, weder nach dem was er weiß noch nach dem was er nicht weiß. Denn weder nach dem, was er weiß, wird er forschen, denn er weiß es ja, und wer in dieser Lage ist, bedarf keiner Nachforschung, noch nach dem, was er nicht weiß; denn weiß ja gar nicht, wonach er forschen soll." (Apelt 1988, S. 38)

de: Der Sklave findet den Lösungsversuch nicht – das macht Sokrates – sondern er sieht nur ein, dass die Lösung richtig ist. Der eigenständige, sich zur Lösung hin entwickelnde Denkprozess ist hierbei nicht gegeben.

Im 17. Jahrhundert fand die Lehrerfrage dann in Form der „Zergliederungsfrage" im Unterricht ihre Anwendung. Die Frage, die bis dahin immer zur Überprüfung des Kenntnisstandes des Schülers gedient hatte, sollte nun für „geistige Verarbeitung und innere Aneignung" sorgen (Bloch 1969, S. 13; Glöckel 2003, vgl. S. 102). Die Katechese[4], die bis zum 17. Jahrhundert als Belehrung und Unterweisung durch Vortrag des Lehrenden zu sehen ist, wurde durch Philipp Jakob Spender – von Beruf Theologe – stärker auf den Aspekt des Nachdenkens ausgerichtet, wodurch „der katechisierte Schüler im Zuge von Frage und Antwort wenigstens in Ansätzen eigene Aktivität" zeigen konnte (Bloch 1969, S. 19). Spender reichte das bloße Auswendiglernen zahlreicher Bibeltextstellen nicht aus, sie sollten auch durchdrungen und verstanden werden. Dazu wurde mittels der Zergliederungsfrage der Satz so in seine Bestandteile aufgetrennt, dass der Schüler die Bedeutung des Ganzen durch das Verständnis der Einzelteile erlangte (siehe hierzu Levin 2005, S. 17f).

Nachdem allerdings auch diese Fragemethode zum reinen Fragen-Antwort-Spiel verkam, postulierte Gustav Friedrich Dinter die „entwickelnde" Lehrerfrage, denn „in der Schule kommt es nicht darauf an, möglichst umfassende Kenntnisse zu vermitteln, sondern darauf, das Denkvermögen zu entwickeln. Der Schüler soll durch den Unterricht die Fähigkeit erwerben, vorurteilslos an alles heranzugehen; er soll lernen, sich durch Selbstdenken eine eigene Meinung zu bilden und diese auch mit Freimut anderen gegenüber zu vertreten" (Bloch 1969, S. 28). Auch diese Methode führte den Schüler sehr stark an dem Gedankengang des Lehrers, doch nahm die „Gängelung" mit zunehmendem Alter des Schülers ab und wurde durch die Bereitstellung selbstständig zu lösender Aufgaben ersetzt. Dinter bediente sich der Frage nur, um sie und sich selbst überflüssig werden zu lassen (Bloch 1969, S. 44). In seinen Regeln führt er auf, Entscheidungsfragen möglichst zu unterlassen, da sie das Nachdenken und die Sprachfähigkeit zu wenig schulen würden. Dennoch konnte auch hier nicht von Entwickeln die Rede sein, denn die Lehrperson hatte sich bei ihren Vorbereitungen die im Unterricht zu stellenden Fragen zu überlegen, die sich zudem an dem Niveau des Schülers orientieren sollten. Dieser Gang sollte dann im Unterricht auch mehr oder weniger beibehalten werden, die Schüler mussten die Lehrerfragen sinnvoll ergänzen (Bloch 1969, vgl. S. 41f.). Stoffsammlung, Stofford nung und anschlie-

---

4 Einen größeren Wissensbestand in Form von Frage und Antwort dem Lernenden zu vermitteln, fand man damals in den Katechismen der Konfessionen vor. Daher Katechese für diese Form des fragend-entwickelnden Unterrichts (Göckel 2003, vgl. S.102), bei dem es vorwiegend um die Reproduktion und wortgetreue Wiedergabe des zu Hause auswendig gelernten Wissens ging.

ßende sokratische Fragemethode mit selbst zu erlangender Erkenntnis (Petrat 1996, vgl. S. 42) bildeten den Gang des Unterrichts, wobei die Lernenden am Ende den Wissensgewinn durch die vom Lehrer rückblickende Vergegenwärtigung des Weges überblicken sollten, jene Methode aber dies – zumindest den Kritikern Dinters nach – nicht leisten konnte.

Pestalozzis Kritik richtete sich entschieden gegen den sokratischen Unterricht und damit auch gegen die sokratische Frage von Dinter, die ausschließlich zur Begriffsklärung genutzt wurde und damit die natürlichen Eindrücke überlagerte. Für ihn wird „Anschauung[5] zum unbedingten Fundament aller Erkenntnis" (Bloch 1969, S. 63). Als Vorbild galt Pestalozzi die „Wohnstubenbildung", in der die Mutter ihr Kind in dem natürlichen Drang der Entfaltung unterstützt und so den „Gang der Natur" – also die Entfaltung der Anlagen des menschlichen Herzens, des Geistes und der Kunst[6] – fördert. „Wenn der Mensch zum selbständigen Gebrauch seines Verstandes erzogen werden soll, dann muss die Denkkraft von ihren Anfängen her naturgemäß entwickelt werden. Andernfalls führt der Unterricht zu nichts weiter als zu bloßem "Maulbrauchen", zum Nachplappern leerer, unverstandener Worte" (Bloch 1969, S. 62). Pestalozzi hatte nichts gegen die Lehrerfrage vorzubringen, verwendete er sie doch selbst zur Schulung der Sprachfähigkeit[7] seiner Schüler. Jedoch sind für ihn künstlich kreierte Frageketten unnötig, da die Erkenntnis intuitiv aus dem Kinde hervorgeht. Das Kind soll die Kräfte durch eigene Anwendung selbst erfahren (Meyer 1987a, vgl. S. 35), womit die Passivität des Schülers im Unterricht weiter reduziert wird. Dennoch bleibt auch hier die Lehrerfrage weiterhin wichtigstes Mittel im Unterricht zur Wissensvermittlung und Überprüfung.

Otto Foltz unterschied schon 1904 in einem Abschnitt des „Enzyklopädischen Handbuch der Pädagogik" von Wilhelm Rein Haupt- und Nebenfragen als Va-

---

[5]   Unter Anschauung kann hier die Auseinandersetzung mit dem Stoff verstanden werden. Dabei unterscheidet Pestalozzi nach innerer und äußerer Anschauung. Letztere ergibt sich durch die Erfassung der Sachverhalte mittels menschlicher Sinne. Die innere Anschauung ist als ein Urteil über die Erkenntnisse der äußeren Anschauung zu verstehen, praktisch als Prüfung derer mit dem Kriterium des „Soll es so sein". Als Orientierung beziehungsweise als Maßstab bedient sich der Mensch der sittlichen und religiösen Einstellungen.

[6]   „Kopf, Herz und Hand" bzw. „intellektuelle, sittliche und physische Kräfte" werden in gleicher Bedeutung für diese drei genannten Begriffe verwendet. Als Frageformen nutzt Pestalozzi die Faktenfrage, die moralische oder weitgefasste Frage, um so dem Schüler Raum und damit sprachliche Freiheit für seine Aussage zu geben (Levin 2005, vgl. S. 18).

[7]   Diese Schulung war seit Verwendung der Lehrerfrage im Unterricht nur sehr unzureichend verfolgt worden. Bei der Katechisation wurden meist Entscheidungsfragen gestellt, auf die der Schüler entweder nur mit „Ja" oder „Nein", in manchen Fällen aber auch mit einem weiteren Wort antworten musste. Den Umgang mit der Sprache wurde so unzureichend forciert (s. auch das Beispiel des Sklaven in Menon, S. 13)

15

rianten, die unter dem Oberbegriff der Lehrerfrage subsumiert wurden. Hauptfragen haben einen Zielimpuls[8], fördern folglich die Selbstständigkeit des Schülers, lassen diesem Freiraum und fungieren als Aufgaben- und Problemstellung. Nebenfragen dienen als Zwischenimpulse zur Überwindung von Stockungen im Denkprozess oder zur Rückführung des Schülers auf die „richtige Bahn" des Denkfortgangs (Bloch 1969, S. 84). Obschon Foltz in der Lehrerfrage eine Unterscheidung trifft und dem Schüler Selbstständigkeit zuerkennt, pflegten viele Herbartianer doch einen Frage-Antwort-Drill, welcher aus dem Zwang der Einbindung aller zum Aufbau des Gedankenkreises notwendigen Stufen von Herbart in einen Stundenrhythmus resultierte und aus ihnen ein methodisches Normalverfahren ableiteten (Geißler 1994, S. 8 u. S. 12). Karl Just maß der Lehrerfrage nur untergeordnete Bedeutung bei und wollte sie so weit wie möglich im Unterricht einschränken, da der Lehrer Begleiter und nicht Führer sein sollte, „er soll den Schüler nicht diktatorisch in eine von ihm festgelegte Richtung zwingen, sondern den Weg mitgehen, den jener von sich aus einschlägt" (Bloch 1969, S. 102). Zillers Konstruktion der Disputationsmethode ist eine Art Auseinandersetzung, in der Ideen der Schüler gesammelt und diskutiert werden und so eine freie Meinungsäußerung möglich ist. „Im Für und Wider der Meinungen, in Widerspruch und Bestätigung, in Korrektur und Ergänzung bewegt sich die Klasse schrittweise auf die angestrebte Lösung zu" (Bloch 1969, S. 131). Wenn Meyer (1987b, S. 205) darlegt, dass die Disputationsmethode „vorzüglich in ihr [gemeint sind die Herbartianer, M.L.] lehrerzentriertes und verkopftes Unterrichtskonzept passte", so müsste er auch auf Autoren wie Ziller und Just verweisen, die eine Weiterentwicklung dieser Methode vollzogen haben und dem Schüler so wesentlich mehr Freiraum gaben (ähnlich Aschersleben 1985). Wie bei Pestalozzi spielt auch hier die Psychologie der Kindesentwicklung eine bedeutende Rolle (Glöckel 2003, vgl. S. 108), deren Berücksichtigung sich in den Unterrichtskonzepten finden lässt, an dieser Stelle allerdings nicht ausgeführt werden kann. Jedoch gelten diese Autoren als Ausnahmen, deren Ansichten auch innerhalb der Gruppe der Herbartianer umstritten waren.

Hugo Gaudig ist durch seine Schrift „Didaktische Präludien" als ein berühmter Kritiker der Lehrerfrage im Unterricht in die Geschichte eingegangen und war ein Verfechter der Arbeitsschule, die konträr zu der bis dato vorherrschenden Buchschule anzusehen ist.[9] Allen jenen Reformern gemein ist die Betonung der

---

8   Hierbei ist anzumerken, dass Rein und später vor allem Just das Aufzeigen des Ziels, z.B. der Unterrichtsstunde, etablieren wollten, damit der Schüler zu Beginn und während dem Unterrichtsverlauf stets sehen kann, wo er gerade steht und wo der Unterricht enden soll (vgl. Bloch 1969, Geißler 1994, Levin 2005).

9   Im Kern der Arbeitsschule stand die Ansicht, dass es „nicht auf Wissen und Reden, sondern auf Können und Handeln" ankomme (Göckel 2003, S. 109).

Neben dem Reformpädagogen Gaudig sind auch solche wie Berthold Otto, Georg Kerschensteiner, John Dewey, Maria Montessori oder Aloys Fischer zu nennen, die

Selbsttätigkeit beziehungsweise Selbstständigkeit der Schüler (siehe auch Göckel 2003, S. 117; Gudjons 2003b, S. 100; Spasitsch 1927, S. 50), die – hier hingegen unterscheiden sich die einzelnen Positionen der Arbeitsschulpädagogen – als primär geistige Arbeit (z.b. Gaudig) oder praktisches Tun (z.b. Kerschensteiner) verstanden werden kann. Dabei stellt für Gaudig die Frage des Lehrers das „fragwürdigste Mittel" dar, welches hierfür genutzt werden kann. Und weiter: „An eine Gesundung unseres deutschen Schulwesens vermag ich nicht eher zu glauben, ehe nicht der Despotismus der Frage gebrochen ist"[10] (Gaudig 1909, S. 13). Die Kuriosität an der Lehrerfrage sieht Gaudig in der Intention, weshalb die Frage gestellt wird: „Im Leben wird man nicht von jemand gefragt, der uns das wissen lassen will, was er weiß; sondern wenn man uns fragt, so will der Fragende von uns das wissen, was er nicht weiß. Sieht man also die Lernformen darauf an, ob sie auch der Schule der Fortbildung dienen, so ist die Frage so untauglich wie unmöglich" (ebd., S. 14). Das selbstständige Handeln, die nicht geleitete Aneignung von Wissen und Denken, ist mit der Frage nicht möglich, sie ist „der ärgste Feind der Selbsttätigkeit" (ebd., S.14). Diese soll durch verschiedene Wege wie a) konstante Art und Weise der Fragerichtung und Fragepunkte, b) freies Gespräch oder freie Diskussion, c) freie Frage- und Themenstellung und d) zuerst Arbeitsteilung (individuelles Vorgehen) und anschließende Arbeitsvereinigung (Klassengemeinschaft) erreicht und gefördert werden (vgl. Bloch 1969, S. 176ff). Ist es dem Lehrer gelungen, den Schüler zur eigenen, kritischen Herangehensweise an einen Gegenstand zu erziehen, so hat er sich selbst als Lehrkörper überflüssig gemacht. Bloch (ebd., S. 184f.) sieht hier allerdings die Gefahr der routinemäßigen Anwendung von eingeübten Schülerfragen und Vorgehensweisen, die eine intensive und tiefe Beschäftigung mit dem Gegenstand verbauen können (ähnlich Meyer 1987a, S. 183; Geißler 1994, S. 13), da Schüler eine

---

ebenfalls neue Unterrichtskonzepte und pädagogische Ansichten erarbeitet haben. Gerade im Übergang vom 19. ins 20. Jahrhundert wurden viele reformpädagogische Konzepte entworfen.

[10] Gaudig hat sieben Einwände gegen die Frage (1909, S. 13f.): „1) wenn der Lehrer fragt, so ist er der Lehrer und nicht der Schüler, der das Problem aufstellt. 2) der Antrieb zur Denkarbeit geht vom Lehrer und nicht vom Schüler aus. 3) die Frage zwingt den Schüler in eine bestimmte Denkrichtung und nimmt ihm so die Freiheit der geistigen Bewegung. 4) die Frage ist nach einer bekannten, allerdings nicht eben erfreulichen Begriffsbestimmung ein unvollständiges Urteil mit der Forderung, das absichtlich noch unbestimmt Gelassene zu bestimmen: Jedenfalls läuft das Frage- und Antwortspiel auf ein Zusammenwirken des Lehrers und Schülers hinaus; für den Schüler ist es „halbe Arbeit"; „halb" ist dabei übrigens, glaube ich, ein zu hoch gegriffener Durchschnittswert; vermutlich liegt er im allgemeinen erheblich tiefer. 5) die Frage ist ein zu starker Denkreiz, der gegen die Denkreize, die in dem Unterrichtsstoff selbst liegen, leicht abstumpft. 6) die Frage des Lehrers erstickt den Fragetrieb des Schülers, einen der wertvollsten Triebe des jugendlichen Intellekts, und schädigt so einen der wertvollsten lebendigen Kräfte des Geistes. 7) die Frageform ist eine künstliche Form der Erregung geistiger Energie; eine Schulform, die das Leben so gut wie gar nicht kennt."

Scheinselbsttätigkeit darbieten und eben gerade nicht durch den Unterrichtsgegenstand gepackt sind.

In den folgenden Jahren beschäftigten sich viele Pädagogen[11] mit der Lehrerfrage und ihrem Einsatz im Unterricht. Dabei können einige Aspekte der neuen Ansätze schon in den hier nur rudimentär vorgestellten Theorien wiederentdeckt werden. Sie alle darzulegen würde den Rahmen dieser Arbeit sprengen und ist auch nicht ihr Ansatz. Vielmehr soll nun noch auf Hans Aebli aufmerksam gemacht werden, welcher sich in seinem Werk „Zwölf Grundformen des Lehrens" in dem Abschnitt „GAUDIGS Trugschluß und die Funktion der didaktischen Frage" der Kritik Gaudigs widmet. Anhand eines Beispiels[12] erarbeitet Aebli die didaktische Funktion der Lehrerfrage, nämlich den Schüler dazu zu veranlassen, „einen vorliegenden Gegenstand unter einem bestimmten Gesichtspunkt zu betrachten" (Aebli 1993, S. 364). Die Assimilation (Erfassung) eines Merkmals des betreffenden Gegenstandes wird dem Schüler so nicht durch einfache Nennung dargeboten, sondern mit Hilfe der Frage wird die Aufmerksamkeit auf den entsprechenden Bereich des Gegenstandes gelenkt. Jedes Problem trägt für Gaudig seine eigene Lösung schon in sich, es muss lediglich *ent-wickelt* werden und dazu bedarf es der geschickten Fragenutzung des Lehrers, der den Schülern so Probleme zu erkennen und zu lösen ermöglicht. Bevor weiter auf die eigentliche Funktion der Lehrerfrage eingegangen wird, ist an dieser Stelle eine kurze Zusammenfassung des Gesagten angebracht: Diente die Lehrerfrage am Anfang der Geschichte zur Überprüfung, ob der Schüler dargebrachtes Wissen auch gelernt hatte, so wurde seit dem 17. Jahrhundert mit Hilfe der entwickelnden Fragemethode der Schüler mehr ins Zentrum des Unterrichts gerückt, reines Auswendiglernen durch Lernen mittels Verstand erweitert. Dieser Entwicklung leistete vor allem die Reformpädagogik weiteren Vorschub, indem sie versuchte, die Lehrerfrage zu Gunsten der Schülerfrage zurücktreten zu lassen und der Aktivität des Schülers größeren Freiraum zu geben. Lediglich das Ziel des Denkweges durch Angabe von Aufgaben und Problemen darzulegen und dem Schüler selbst das Suchen dorthin zu überlassen stellte die nächste Weiterentwicklung der Lehrerfrage dar.

---

11   Eine Auswahl: Zum Beispiel wäre hier Petersens Schule nach dem „Jenaplan" zu nennen oder der Pädagoge Josef Adelmann, aber auch Friedrich Copei mit seiner Suche nach dem „fruchtbaren Moment im Bildungsprozess".

12   Dieses Beispiel sei an dieser Stelle kurz mit eigenen Worten wiedergegeben: Bei einer Wanderung fanden Schüler Kletten und die Lehrperson fordert die Schüler auf, diese mitzunehmen. Im Klassenraum wird dann das Objekt genauer betrachtet, doch nach der Erkenntnis, dass die Hacken für die Haftung der Kügelchen verantwortlich sind, stellt kein Schüler die Frage nach der Notwendigkeit dieses Merkmals. Erst durch die Frage des Lehrers kommen die Schüler über die Diskussion zur Lösung, dem Vorteil für die Samenverbreitung.

2 Aktuelle Forschungsliteratur

Der dieser Arbeit zu Grunde liegende Forschungsblickpunkt beschränkt sich auf die Analyse von Lehrerfragen und vernachlässigt damit den für den Lehr-Lern-Prozess ebenso wichtigen Aspekt der Schülerfragen. Somit wird im Folgenden der Unterrichtsprozess vor allem aus einer stark lehrerzentrierten Perspektive heraus analysiert und kritisch hinterfragt. Die Forschungsliteratur ist, was ihre Aktualität der zugehörigen Explorationen betrifft, in den sechziger und siebziger Jahren anzusiedeln und erfährt erst seit einiger Zeit wieder eine Neuentdeckung im Themengebiet der „Meisterlehre" und der Wissensgenerierung sowie der genaueren Analyse von Schüleräußerungen in der Unterrichtskommunikation. Die Paradigmen der Lehr-Lernforschung erfuhren des Öfteren eine Modifikation, deren Ausgang von dem Paradigma der Lehrpersönlichkeit und den darin beobachteten, empirisch nachweisbaren Personenmerkmalen, über das Prozess-Produkt-Paradigma, das zu Beginn auf die Effekte von Lehrerhandlungen ausgerichtet war, später über die gegenseitige Beeinflussung des Lehren und Lernen von Lehrern und Schülern eine Spezifizierung erfuhr, bis hin zum Expertenparadigma, in dem den Pädagogen eine begrenzte Einwirkungsmöglichkeit auf den Lernerfolg der Schüler zugeschrieben wurde, nachzuzeichnen ist. Damit rückt der Lehrer wieder in den Mittelpunkt der Analyse, wobei nun Wissen und Können der Lehrenden im Mittelpunkt der Explorationen stehen und Charakterzüge auf diese Weise zunehmend vernachlässigt werden (Bromme 1997, vgl. S. 182ff.). Auf Grund der über die siebziger Jahre hinaus weitergeführten und heute auch noch anhaltenden systematischen Forschung im angloamerikanischen Raum, wird in dieser Arbeit vermehrt auf Literatur aus diesen Ländern zurückgegriffen, wobei darauf zu achten ist, dass nicht alle Ergebnisse problemlos übernommen werden können, da die jeweiligen Schul- und Bildungssysteme Unterschiede aufweisen. Allgemein ist eine Streuung der Themenbearbeitung festzustellen, die neben dem Bereich der Pädagogik auch innerhalb der Kognitionspsychologie, der Linguistik und mit dieser Arbeit auch im Forschungsgebiet einzelner Fachdidaktiken zu finden ist. Diverse, über einzelne Fächer hinausgehend anzuwendende Klassifizierungen von Lehrerfragen sind bereits entworfen worden, doch entsteht mit diesem Anspruch der Uniformität für alle Fächer das Problem der Unspezifität solcher Modelle für einzelne Fächer und deren zugehörigen Lernprozessstrukturen (Gall 1970, vgl. S. 711). Daher hat diese Arbeit ihren Platz in der Fachdidaktik der Politik und wird neben der Darstellung und Zusammenführung verschiedener theoretischer Aspekte ein neues Klassifizierungsmodell anhand einer Gemeinschaftskundestunde auf seine Praktikabilität überprüfen. Mit diesen Fallstudien befinden wir uns innerhalb der Feststellung Kliemes, „dass die empirische Unterrichtsforschung doch sehr genau auf fachspezifische Zusammen-

hangsmuster achten muss" (2006, S. 772).[13] Das Blickfeld hinsichtlich der Lehrerfrage im Unterricht weit zu öffnen und genauer in Bezug auf den Unterrichtsgang zu analysieren und gewinnbringend zu nutzen, scheint seit den sechziger
und siebziger Jahren zumindest im deutschsprachigen Raum nicht mehr for-
schungsrelevant zu sein. Dies überrascht umso mehr, als PISA und TIMSS den
zu stark lehrerzentrierten (fragend-entwickelnden) Unterricht kritisiert haben
(Baumert et al. 2000, S. 175ff.; Klieme et al. 2001, S. 45; Horster 2002, S. 11;
Deutsches PISA-Konsortium 2001) und damit auch die in ihm intrinsisch vorhandene Lehrerfrage. Der heutige Fokus bezüglich des „fragenden Lehrers" liegt
im Themenkomplex der Lehr-Lernforschung und dem Wissenserwerb im Unterricht (Terhart 2000; Pätzold et al. 2003; Wuttke 2005).

---

13   Nach Klieme bedarf es dazu einer engen Zusammenarbeit mit Fachdidaktikern, die in
der neueren Unterrichtsforschung nicht nur als Anwender allgemeiner Theorien angesehen werden, sondern der Fachbezug mit zum theoretischen Kern dieser Forschung gehört. Dieser Artikel gibt einen weiteren Überblick über die aktuelle Forschungsausrich-
tung innerhalb der empirischen Unterrichtsforschung.

3 Facetten der Fragetechnik

3.1 Die Funktion der Lehrerfrage

Wie oben schon mittels der Kritik von Hans Aebli an dem von Hogo Gaudig ausgehenden vernichtenden Urteil angeklungen – was sich in dem Vorwurf Aeblis manifestierte, dass Gaudig die künstliche Lehrerfrage lediglich durch eine künstliche Schülerfrage ersetzt habe – liegt der Frage eine bestimmte Funktion zu Grunde, derer an dieser Stelle nachgegangen werden soll. Für Aebli liegt diese in der didaktischen Funktion, denn wie soll der Schüler eine Frage an den Gegenstand stellen, wenn er gar nicht im Stande ist zu wissen, was daran fraglich sein sollte. Es ist ja gerade diese Unkenntnis des Schülers, die die Fragengenerierung nach Funktionen der zu betrachtenden Gegenstände vorerst nicht zulässt. Der Lehrperson kommt so die Aufgabe zu, die Schüleraufmerksamkeit auf die Funktion des jeweiligen Sachverhaltes zu fokussieren (ähnlich der Mäeutik, siehe Kapitel 1). Auf diese Weise werden in dem Lernenden kognitive Prozesse angeregt und selbstständiger Wissenserwerb ermöglicht (Becker-Mrotzek/Vogt 2001, vgl. S. 73).

Bei einer spontanen Befragung unter Lehrern, wozu sie die Lehrerfrage nutzen und welche Funktion sie der Frage dabei zugestehen, könnten Antworten wie „Ich nutze sie zur Wissensabfrage" oder „Damit ein Schüler merkt, dass er nicht aufgepasst hat" erwartet werden. Diese hypothetische Annahme zeigt, dass Fragen wohl meistens nicht ohne Grund gestellt werden. Die Frage dient dem Pädagogen als Mittel bei Schülern Denkprozesse anzustoßen, mittels derer diese zur Entwicklung des Lösungsweges für das gestellte Problem aufgefordert werden. Fragen in ihrer Konstruktion als ein Satz, dem ein oder mehrere Satzteile fehlen, sollen im Schüler ein Gefühl der Unzufriedenheit hervorrufen, das erst mit der Füllung dieser aufgeworfenen Lücke abzuklingen vermag (ähnlich auch Reyer 1954). Mit anderen Worten ist „eine Frage […] eine unvollständige Aussage, die die Aufforderung an den Adressaten enthält, sie zu vervollständigen" (Aschersleben 1985, S. 87). Während hier die innere Aufforderung des Menschen zur Schließung der aufgeworfenen Lücke thematisiert wird, sieht Aebli die Erweiterung des Betrachtungsfeldes als wesentlich an. Aschersleben (1987) hat die Funktionen der Lehrerfrage unter zwei Gesichtspunkten, dem Schüler und dem Unterrichtsprozess, aufgespalten und dort jeweils untergliedert (siehe Tab.1).

Tabelle 1) Funktionen der Lehrerfrage (aus: Aschersleben 1987, S. 91)

Schüler	Unterrichtsprozess
aktivieren	initiieren
dirigieren	steuern
informieren	strukturieren
motivieren	organisieren
emotionalisieren	überprüfen
prüfen	
zensieren	

Einzelne Punkte dieser Auflistung lassen sich in den von Sommer/Petersen (1999) aufgelisteten Anwendungsbereichen wiederfinden, worunter die beiden Autoren a) Kontrolle des Leistungsstandes, b) Beurteilung der psychosozialen Atmosphäre, c) Motivation zum Denken, d) Erinnern und Einprägen von Wissensstoff und e) Steuerung von Denkprozessen verstehen. Auch Meyer (1987b, vgl. S. 207) führt ähnliche Funktionen der Lehrerfrage auf, die sich von der Ermittlung von Vorkenntnissen über Wecken von Aufmerksamkeit, Provokation zum Nachdenken bis zur Disziplinierung erstrecken. Becker/Clemens-Lodde/Köhl (1980, vgl. S. 100f.) führen eine motivierende, aktualisierende (zur Beteiligung leistungsschwacher Schüler), steuernde, klärende (bei mangelnder Lernbereitschaft, allgemeiner Unruhe, aggressiven Verhalten), organisierende und kontrollierende Funktion der Lehrerfrage an. Riedl (2004, vgl. S. 119) zeigt als einen bisher noch nicht genannten Punkt die Entwicklung von neuen Einsichten, Idealen, Haltungen und Einstellungen auf.

Dem motivierenden Charakter der Frage wird in vielen Abhandlungen Bedeutung beigemessen, wobei sich dieser Aspekt vor allem auf den Unterrichtseinstieg beschränkt. Hier gilt es den Schüler zu aktivieren und das Problem für ihn interessant zu machen. Dabei ist es wichtig, den Lernenden das Problem oder die Aufgabe so darzulegen, dass diese für die Lernenden klar und verständlich ist.[14] Es ist der Produktivität beziehungsweise dem Denkprozess der Schüler sicherlich nicht zuträglich, an einer Fragestellung zu arbeiten, die nicht transparent erscheint. Von einer weiteren Motivationssteigerung ist auszugehen, wenn die Schüler diese Fragestellung selbst erarbeitet haben. So haben sie schon eine Vorstellung von dem Themenbereich, aus welchem diese Frage entstand.[15] Weiterhin

---

14 Aebli (1993, vgl. S. 298) möchte hier ein intensives Durchdenken der Problemstellung sehen, ein „Sich-in-das-Problem-Vertiefen."

15 An dieser Stelle erinnert sich der Autor dieser Arbeit an eine beobachtete Lehrprobe in Biologie, in der es um die Thematik Cytologie ging. In der beobachteten Stunde mit dem Thema „Die Zelle-kleinste Chemiefabrik der Welt" ging es in der Einstiegsphase darum,

ist es wichtig, den Lernenden weite, offene Frage zu stellen, die ferner ein Denken in Sackgassen zulassen (vgl. Petersen/Sommer 1999, S. 60) und auf diese Weise können schon vorhandene Vorkenntnisse der Schüler reaktiviert werden.

Neben der Motivation kann die Lehrerfrage auch einen Beitrag zur Erfassung von Aspekten wie Lernatmosphäre oder Leistungstand der Schüler leisten. Dabei kann von der Lehrperson das Klassenklima ergründet und die soziale Struktur der Schüler untereinander besser verstanden werden. Die Überprüfung des Leistungsstandes stellt einen bedeutenden Punkt im Unterricht dar (Kontrollfunktion der Lernergebnisse, vgl. Spanhel 1971, S. 218), denn die Leistungen der Schüler in unserem Schulsystem werden überwiegend mit Noten erfasst. Durch diese Funktion der Frage kann der Lehrer ein differenziertes Bild über das Leistungsniveau, den Leistungsstand und den Lernfortschritt seiner Klasse sowie über jeden einzelnen Schüler erhalten (vgl. Petersen/Sommer 1999, S. 51f.). Damit der Lehrkörper auch sich selbst und seine Art der Wissensvermittlung (Lehrstrategie) besser einschätzen kann, bietet sich die genaue Untersuchung von Schülerantworten und der eigentlich vom Lehrer erwarteten Antwort – die der Schüler auf Grund des bisherigen Verlaufs des Unterrichts und seiner Schullaufbahn hätte geben können müssen – an. Damit kann die Effektivität der eigenen Lehrleistung verbessert, gezielte Wiederholungen durchgeführt und schwache Schüler gefördert werden. Zudem kann über das Fragen der bisherige Stoff gefestigt und somit eine Art Ergebnissicherung betrieben werden.

Insbesondere während Klassengesprächen oder Diskussionen kann der Pädagoge die Lehrerfrage in ihrer Funktion der Steuerung nutzen (Spanhel 1971, vgl. S. 216f.). Durch gezielte Frage- und Impulssetzung ist es dem Lehrer möglich, die Schülerbeiträge zu strukturieren, zueinander in Beziehung zu setzen oder eventuell zu kontrastieren und so das Schülergespräch auf das Unterrichtsziel hinzulenken. Ebenso ist eine Unterstützung eines dem Unterrichtsziel nicht zuträglichen Denkweges möglich, um die Schulklasse auf diese Weise auf die Problematik ihres Denkansatzes aufmerksam zu machen. Diese Funktion kann den Schülern bei einem erneut aufkommenden Problem zur strukturierteren Herangehensweise verhelfen.

Abschließend soll auf den Aspekt der Disziplinierung eingegangen werden, der ebenso – wie die bisher genannten – über die Lehrerfrage erreicht werden kann.

---

die Schüler mittels stillem Impuls über eine Abbildung auf einer Overheadfolie, auf der eine Zelle als Fabrik dargestellt wurde, zu einer selbst zu erarbeitenden Fragestellung zu motivieren. Nach der anfänglichen Beschreibung der Abbildung wurde dann die Aufgabenstellung der Stunde „Welche vergleichbaren (analogen) Funktionseinheiten und Prozessabläufe bestehen zwischen einer Chemiefabrik und einer Pflanzenzelle" langsam durch die vom Lehrer an bestimmten Punkten der Schülerbeobachtungen gesetzten Lenkungen herausgeschält. Somit war den Schülern über die Beschreibung die Thematik der Fabrik und der Pflanzenzelle klar, die Verknüpfungen zwischen den einzelnen Zellorganellen mussten während der Stunde noch hergestellt werden.

Merkt ein Lehrer während seiner Ausführungen, dass sich ein Lernender verstärkt zu seinem Nachbarn hinwendet oder mit anderweitigen Sachen, die primär nichts mit dem Unterricht zu tun haben, beschäftigt ist, kann eine Frage mit anschließender Aufforderung zur Beantwortung durch Nennung des Namens des betreffenden Schülers („Mit welchen Tieren überquerte Hannibal die Alpen, Marco?") zur Disziplinierung desselbigen beitragen. Meyer stellt korrekterweise fest, das diese Fragen keine echte Fragen sind, „sondern in Frageform verkleidete Apelle, Belobigungen oder Tadel" (Meyer 1987b, S. 207).

Wie bereits erwähnt, sieht Aebli in der didaktischen Frage die Erweiterung des Betrachtungshorizontes. Nach Meyer soll die Lehrerfrage „den Schüler in eine produktive Verlegenheit bringen und dadurch seinen Lernprozeß anregen und leiten" (Meyer 1987b, S. 205). Köster wiederum plädiert dafür, Fragen zu beantworten, denn wenn dies nicht getan wird, „besteht die Gefahr, daß sich das Fragestellen verselbständigt und seine Funktion, im Erkenntnisprozeß neue Kenntnisse zu gewinnen, erlischt" (Köster 1979, S. 13). Hier steht also der Kenntnisgewinn im Vordergrund. Bei Einsiedler hingegen finden wir eine stärker psychologisch ausgerichtete Betrachtungsweise, bei der die Lehrerfrage schwachen Schülern zur Aufgliederung der Erarbeitung hilft und schüchternen sowie ängstlichen Lernern durch das Stellen der Frage „im Sinne eines geplanten Erfolges" zur Stärkung des Selbstwertgefühls zuträglich ist (Einsiedler 1981, vgl. S. 125). Gemeinsam ist diesen Annahmen die Verschiebung des didaktischen Schwerpunktes von der Lehrer- auf die Schülerfrage, die zur Schließung von Wissenslücken und neuem Wissensaufbau genutzt wird.

3.2 Die Form der Frage oder: Was muss der Fragende alles wissen?

Nicht jeder ausgesprochene Satz eines Lehrers ist eine Frage und daher liegt es nahe, die Lehrerfrage auch in Form ihrer semantischen und organisatorischen Hinsicht zu untersuchen. Unter „semantisch" wird im Folgenden der Aufbau einer Frage näher erläutert und mit dem „organisatorischen" Aspekt werden im vorliegenden Fall all jene Punkte aufgeführt, die es zu einer möglichst korrekten Anwendung der Frage zu beachten gilt (zum Beispiel keine Frageketten, deutliches Aussprechen etc.).

Durch welche Strukturen erkennt der Adressat der Lehrerfrage, dass er zur Beantwortung jener Frage aufgefordert ist? Aschersleben (1985, vgl. S. 87) gibt hier fünf Punkte an, die im Einzelnen näher erläutert werden:

a) Umstellung von Satzteilen

Als Beispiel soll hier der Satz „Alle Schüler dieser Klasse können dem Lehrer auf Grund seiner unstrukturierten Vortragsart nicht folgen." genutzt werden, der sich – umstrukturiert – wie folgt in eine Aufforderung zur Beantwortung durch einen Schüler umwandeln lässt: „Warum können alle Schüler dieser Klasse dem Lehrer nicht folgen?"

b) Fragepronomen (Interrogativ)

Anhand des Interrogativs (wie zum Beispiel Warum, Was, Wer…) wird dem Adressat deutlich, dass die Aufgabe zur Nennung dessen, was hinter diesem Fragewort steckt, ihm selbst obliegt.

c) Satzzeichen

Wie bei dem Beispielsatz unter a) zu sehen, endet die Frage mit einem Satzzeichen. Bei schriftlichen Fragen ersetzt dieses Fragezeichen die Intonation, die bei einer mündlichen Frage durch Anhebung oder Senkung der Stimme vorhanden ist (siehe nachfolgenden Punkt).

d) Intonation beim Aussprechen der Frage

Angehoben wird die Stimme bei Entscheidungsfragen („Konnten die Schüler dieser Klasse dem Lehrer auf Grund seiner unstrukturierten Vortragsart folgen?"), eine Senkung am Satzende erfolgt bei Ergänzungsfragen („Warum können alle Schüler dieser Klasse dem Lehrer nicht folgen?").

e) Sprachliche Situation

Folgende Strukturierung des oben angeführten Satzes könnte man als Lehrerimpuls in indikativer Form verstehen, wodurch die Schüler zur Stellungnahme aufgerufen werden: „Mir wurde mitgeteilt, dass alle Schüler dieser Klasse dem Lehrer auf Grund seiner unstrukturierten Vortragsart nicht folgen konnten." Dabei stellen wir fest, dass weder ein Interrogativ noch ein Satzzeichen, noch eine besondere Betonung vorliegt und dennoch wird dieser Satz als Frage beziehungsweise Aufforderung verstanden, nähere Hintergrundinformationen anzufügen. Dies kann allerdings nur innerhalb der sprachlichen Situation genau bestimmt werden und bedarf zur Identifizierung daher des jeweiligen Kontextes, in dem der Satz ausgesprochen wurde.

Neben dem Wissen, wie Fragen semantisch gefasst werden können, ist es für einen Lehrkörper ebenso wichtig, bestimmte Verfahrensregeln beim Stellen von Fragen zu beachten. Orth (1992) hat elf Regeln zur Lehrerfrage in der von ihm untersuchten und in seinem Aufsatz zusammengefassten Literatur ausfindig machen können. Es soll (1) ein klares Thema genannt, eine klare Fragestellung gegeben und das angestrebte Gesprächsziel aufgezeigt werden. Des Weiteren soll (2) eine Partner- und Gruppenarbeit arrangiert (breite Palette an Schülerantworten ist zu erwarten), (3) das Niveau der Frage beachtet und der Lerngruppe angepasst und (4) „weite" Fragen gestellt werden. Zusätzlich sollen (5) Klassengespräche verstärkt durch Impulse gelenkt werden, die offener als Fragen sind und daher dem Schüler mehr Freiraum belassen, (6) der Lehrer dazu angehalten werden, vermehrt non-verbale Impulse einzusetzen (z.b. Gegenstände) und (7) anspruchslos bewertende Frage zu vermeiden, die meist nur auf ein „Ja" oder „Nein" hinauslaufen (Entscheidungsfragen). Zudem sollten (8) Suggestivfragen unterlassen, (9) kurze, eindeutige Formulierungen bevorzugt, (10) Kettenfragen eliminiert und (11) die ganze Lerngruppe und nicht nur ein einzelner Schüler mit der Frage angesprochen werden.

Becker/Clemens-Lodde/Köhl (1980, S. 105ff.) führen sogar zwölf mögliche Verhaltensindikatoren auf (ähnlich auch Riedl 2004, vgl. S. 122):

1. Auf bedeutsame Fragen beschränken (und in Planung miteinbeziehen):

    Diese wichtigen Fragen sollten in der Stunde auch explizit genannt werden und in ihrer Bedeutsamkeit hervortreten.

2. Anspruchsvolle Fragen stellen:

    Hierunter können vor allem jene Fragen verstanden werden, die im Schüler einen eigenständigen Denkprozess hervorrufen. Ergänzungsfragen, bei denen lediglich ein Wort beziehungsweise ein Satzteil vom Schüler genannt werden soll, und Entscheidungsfragen zählen für Bönsch (1991, vgl. S. 92; ebenso Stöcker 1960, vgl. S. 138) nicht dazu.

3. Sondierungsfragen stellen:

    Diese erlauben dem Lehrenden eine gewisse Lenkung des Gesprächs bei gleichzeitig breiter Antwortmöglichkeit des Lernenden.

4. Fragen der anspruchslosen Bedeutung vermeiden (Zusatzfragen sind überflüssig):

    Wenn hierunter auch Entscheidungsfragen gefasst werden, dann kann mit Thompson (1997, vgl. S. 101) auf einen doch sehr wichtigen Punkt hingewiesen werden: Ja/Nein-Fragen sind hilfreich zur Bearbeitung grundlegender Informationen und erst hiernach sollte mit offeneren Fragen in der Stofferweiterung fortgefahren werden. Additiv werden durch Entscheidungsfragen gerade schüchterne oder aufgeregte Schüler zur Beantwortung ermuntert, die im Anschluss an die unmittelbare Beantwortung durch „Ja" oder „Nein" eventuell von selbst in die Ausführung und Darlegung ihrer Gedanken gelangen und so „sanft" in eine Redeposition geführt werden, derer sie vorher durch Angst beziehungsweise Scheu nicht mächtig gewesen wären.

5. Verständliche Formulierung:

   Verklausulierte Frageformen helfen weder den Schülern noch sind sie dem Fortlauf des Unterrichts zuträglich. Verständliche Fragen oder Problemstellungen sind eben „einfach, kurz, gegliedert und anregend" (Becker 2007, S. 165).

6. Fragen nacheinander stellen:

   Kettenfragen wie „Wann wurde Goethe geboren? Wo wurde er geboren? Was passierte in dieser Zeit?" sind nicht zu bevorzugen, da sie Schüler bei jeder neuen Frage aus dem Denkprozess für die zuvor gestellte Frage herausreißen und den Lernenden in eine Situation entlässt, in der er nicht weiß, welcher Frage er nun mehr Bedeutung beimessen soll. Zudem weisen die jeweiligen Fragen meist nicht genau in die gleiche Richtung und Schüler verfallen in ein Ratespiel (Lach/Massing 2006, vgl. S. 128). Auslöser für eine Kettenfrage kann eine erste Fragestellung sein, die schlecht formuliert wurde (Riedl 2004, vgl. S. 120).

7. Bedeutsame Fragen hervorheben:

   Durch eine Pause vor dem eigentlichen Beginn der Fragestellung, durch Varianz der Stimmlage, des Sprechtempo oder der Mimik und Gestik kann die Bedeutung der folgenden Frage unterstrichen werden.

8. Zeit zur Beantwortung lassen:

   Wie in einem späteren Abschnitt zu sehen sein wird, kommt dem Lehrer die Wartezeit stets viel länger vor, als sie tatsächlich ist (Kapitel 3.5).

9. Fragen nicht voreilig wiederholen:

   Damit wird vermieden, dass a) der Lehrer sich nicht bemüht, die Frage gleich richtig zu formulieren, b) ein Anlass zum Stellen von Mehrfach-Fragen vorhanden ist, c) die neu formulierte Frage auf einem niedrigeren Niveau als die Ausgangsfrage liegt und d) der Lehrer selbst die Antwort gibt (Lowyck 1976, vgl. S. 69). Zudem wird so dem Schüler eine längere Zeit der Überlegung gegeben.

10. Fragen nicht selbst beantworten:

    Hierunter fasst der Autor auch eine vorzeitige Intervention des Lehrers in eine vom Schüler falsch dargelegte Antwort, ohne ihm die Möglichkeit zum Abschluss seines Gedankengangs einzuräumen. Die Folge wird eine zunehmende Verstummung des mitarbeitenden Schülers sein, da der Lehrer meist in der Hälfte des Weges dem Schüler die Lösung vorwegnimmt (ähnlich Höller 1970, vgl. S. 64).

11. Minimale Lernhilfen zur Beantwortung geben:

Um die Beantwortung der Frage durch den Lehrer selbst zu umgehen, kann dieser auf die vergangene Stunde verweisen, einen kleinen Tipp geben oder die Frage umschreiben (lassen) (vgl. Becker 2007, S. 166).

12. Bedeutsame Fragen in Einzel-, Partner- oder Kleingruppenarbeit beantworten lassen:

Hierdurch wird den Schülern Zeit gegeben, sich mit den wesentlichen Fragen intensiv auseinanderzusetzen und gegenseitig in Diskussion darüber zu treten.

Mit Lowyck (1976, vgl. S. 68f.) kann diese Liste noch um den Aspekt der didaktischen Begründung der Fragefolgen, die Ergänzung der Schülerantwort – wenn Schüler selbst dazu in der Lage sind sollen lieber sie ergänzend wirken – und den Aspekt der Verstärkung der Antwort zur besseren Merkfähigkeit ergänzt werden. Lach/Massing (a.a.O., vgl. S. 123) führen in ihrem Aufsatz auch das Vermeiden des Lehrer-Echos an, da Lehrer nur all zu oft dazu neigen, Schülerantworten zu wiederholen. Allerdings merken sie – in Teilen auch Lowyck – an, dass das Lehrer-Echo ebenso einen Sinn in der Anwendung der Wiederholung für die ganze Klasse, der indirekten Rückversicherung über das richtige akustische Verständnis seitens des Lehrers oder der Beimessung einer besonderen Bedeutung beziehungsweise eines Lobes zur Schülerantwort haben kann. Riedl (2004, vgl. S.121) führt noch den Typ der Scheinfrage, bei der Lob oder Tadel in eine Frageform verpackt wird, als typische Fragefehlform auf. Die Bloßstellung eines Schülers (Disziplinierungsfrage) rangiert ebenso unter dieser Rubrik.[16] Für die Qualität einer Lehrerfrage sind Riedl drei Punkte wichtig:

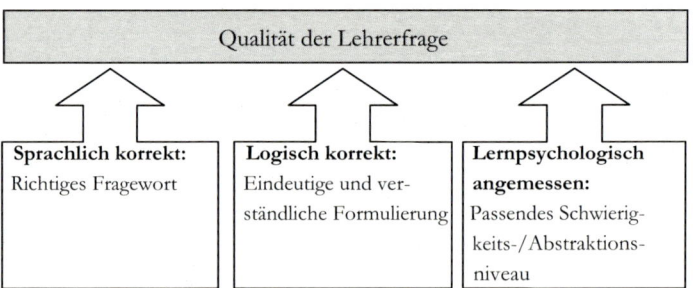

Abbildung 1) Qualitätsmerkmale der Lehrerfrage (nach Riedl 2004, S. 121)

---

[16] Neben den bisher drei möglichst zu vermeidenden Fragefehlformen (Ketten-, Disziplinierungs- und Scheinfrage) zählt Riedl noch die Suggestiv- (Schüler wiederholen nur die Lehrermeinung), Entscheidungs-, Ergänzungs-, Echo- und diffuse Fragen auf.

Unter „Sprachlich korrekt" ist vor allem die richtige Verwendung des Fragewortes zu verstehen (zum Beispiel anstatt „Zu was?" „Wozu?" verwenden oder anstatt „Mit was?" „Womit?"). Wird eine eindeutige und verständliche Formulierung bei der Fragestellung verwendet, dann ist sie logisch korrekt (zum Beispiel nicht „Wo liegt Paris?", da viele Antworten möglich sind, sondern „An welchem Fluss liegt Paris?"). Stöcker (1960, vgl. S. 139) weist auf die Vermeidung aller abstrakten Redewendungen und unbestimmten sowie vieldeutigen Verben (haben, sein, werden) hin. Zudem habe das Fragewort am Anfang des Satzes zu stehen und nicht am Ende. Die lernpsychologische Angemessenheit ergibt sich durch die individuell spezifisch vorzufindenden Stärken und Schwächen der Lernenden respektive der ganzen Lerngruppe, die den Ausgangspunkt des Lernweges darstellen (ebenso Wiater 1993, S. 236).

In der Literatur ist auch eine Auftrennung nach der formalen Struktur der Frage und den organisatorischen Erfordernissen des Fragenstellens zu finden (siehe Lowyck 1976; Petersen/Sommer 1999). Zum ersten Punkt gehören die Eindeutigkeit der Frage (keine Redundanzen, keine doppeldeutigen Informationen; zum Beispiel „Wo wachsen Nadelbäume?" ist zu undeutlich) und das einmalige Stellen einer Frage. Zum letzeren sind die schon weiter oben genannten Punkte anzufügen.

3.3 Darstellung verschiedener Fragenfolgen

Petersen/ Sommer (1999) haben sich im Themenaspekt der Fragenfolgen auf Lowyck (1976) bezogen. Jener Autor entlehnt den Begriff der „Episode" von Smith, welcher für ihn drei wesentliche Merkmale definiert: a) mehr als aus einer Äußerung bestehend, b) didaktisch bedeutsam und c) im Besitz einer gewissen Abrundung. Danach ist eine Differenzierung in einfache und komplexere Episoden möglich, die sich durch die Anzahl der Antworten oder Frage-Antwort(en)-Reaktions-Sequenzen unterscheiden lassen.

Unter der einfachen Episode ist die Abfolge Frage→ Antwort(en)→ Reaktion zu verstehen. Einer genaueren Betrachtung unterzogen, kann diese Abfolge detaillierter erschlossen werden. So kann die Form der Fragestellung von mitteilend („Sagt mal, wo die Maas entspringt?") über fragend („Wo liegt Belgien?") nach befehlend („Die Kronprinzessin der Niederlande, bitte!") variieren. Dabei kann die Frage offen oder geschlossen beziehungsweise zugespitzt gestellt sein (siehe Kapitel 3.4), also dem Antwortenden viele Denkwege eröffnen oder durch Nennung zum Beispiel einer bestimmten Anzahl aufzuzählender Gründe diesen im Denken mehr oder weniger stark einschränken. Die Antwort kann sodann durch Ausführungen von einem Schüler, von mehreren Schülern oder auch mehrere Antworten von ein und demselben Schüler bestehen. Die Reaktion auf die Aussage des Lernenden erfolgt meist durch den Lehrkörper, der durch entsprechendes affektives Feedback (z.B. gut, genau, naja, zum Teil...) unmittelbar diese Episode beschließt. Denkbar ist auch die inhaltliche Bedeutung der Antwort zu nutzen (z.b. „Du hast jenen Punkt angeführt, aber einen wichtigen vergessen..." oder „Lass mich kurz zusammenfassen, was du gesagt hast: ..." usw.) und damit korrigierend, weiter ausführend, wiederholend oder synthetisch tätig zu werden. Keine Reaktion auf eine Antwort des Schülers zu geben ist ebenso verbreitet und wird mit „Übergehen des Schülers" präzise benannt (Lowyck 1976, vgl. S. 63).

Die komplexe Episode kann als eine Kettenreaktion verstanden werden, die durch eine Vielzahl an aneinander gereihten einfachen Episoden zusammengebaut ist, wobei sich die Reaktion in Form einer neuen Frage manifestiert. Dem Schema des zuvor beginnenden Abschnittes folgend ergibt sich diese Abfolge:

Frage → Antwort(en) → Reaktion in Form einer neuen Frage →
Antwort(en)→ Reaktion in Form einer neuen Frage → ... → Endreaktion.

Die Abfolge kann schon im Vorhinein vom Lehrer zum Erreichen eines Unterrichtsziels geplant und damit als didaktisch zielführend eingestuft werden. Möglich ist allerdings auch eine ad-hoc Entscheidung während einer Unterrichtssituation, die diese oder jene Abfolge als wesentlich erscheinen lässt. Da die sichere Planbarkeit der Schülerantworten nicht zu gewährleisten ist, kann dem Lehrer während der Vorbereitung ein Entwurf aller möglichen Situationen für die zu absolvierende Unterrichtsstunde hilfreich sein (Reindel et al. 1974, vgl. S. 72). Die gewählten Frageabfolgen – seien sie weitestgehend geplant oder spontan – basieren auf den Antworten der Schüler und können nach Lowyck und Petersen/Sommer in drei Arten sortiert werden, deren Kombination vielfältig sein kann:

a) Horizontale Fragenfolge

Hierbei werden Fragen gestellt, die auf dem gleichen kognitiven Niveau liegen (z.B. Fragen, die sich ausschließlich auf Wissensreproduktion durch Erinnern beziehen). Welches Kategoriensystem als Bewertung der Niveaustufe herangezogen wird, muss vorher eruiert und im Verlauf der Untersuchung beibehalten werden. Die horizontale Fragenfolge ist immer dann zu begrüßen, „wenn der Problembestand auf einer kognitiven Ebene zuerst völlig geklärt werden muß" (Petersen/Sommer 1999, S. 40). Ist dies geschehen, kann eine Bearbeitung des Problems auf einem höheren Komplexitätsniveau erfolgen.

b) Aufsteigende Fragenfolge

Hierbei kann der Lehrende als Reaktion auf eine Schülerantwort die Niveaustufe kontinuierlich erhöhen und damit die Schüler zu einer komplexeren Bearbeitung des Problems führen.

c) Absteigende Fragenfolge

So wie zuvor die kognitiven Anforderungen erhöht werden konnten, kann der Lehrende die Niveaustufe gleichermaßen erniedrigen. Dies ist dann zu raten, wenn der Schüler auf die gestellte Frage keine Antwort findet und damit möglicherweise außer Stande ist, die geforderte kognitive Leistung zu erbringen. Ist die Stelle gefunden, die der Schüler nicht zu überwinden im Stande war, kann eine weitere Erarbeitung der Aufgabe bis zu dem am Beginn gesetzten Niveau erfolgen.

3.4   Die unterschiedlichen Arten der Lehrerfrage

Zur Klassifikation von Lehrerfragen gibt es viele Autoren, die hierfür Systeme entwickelt haben. Mit dieser Klassifizierung geht eine stets spezifische Einteilung von Fragetypen einher. Die vorliegende Arbeit erhebt an dieser Stelle nicht den Anspruch, alle bisher erschienenen Klassifikationen aufzuführen und ihre Vor- sowie Nachteile im Einzelnen zu erörtern. Vielmehr liegt hier der Anspruch zu Grunde, einen Überblick über verschiedene Formen der Rasterbildungen zu geben und Fragearten in eine grobe Struktur zu ordnen. Diese Einordnungen sind meist pragmatischer Natur, um den Lehrenden so einen Anhaltspunkt für die Weiterentwicklung ihrer bisher erworbenen Kompetenzen zu ermöglichen.

Petersen/Sommer (1999) haben in ihrem Studien- und Arbeitsbuch verschiedene Arten von Lehrerfragen unterschieden. An erster Stelle ihrer Aufzählung sind die Wissens- und Denkfragen zu finden. In ihrer Definition greifen sie auf Bloom (1976, vgl. S. 71) zurück. Als Beispiel für Wissensfragen (auch sogenannte W-Fragen, zum Beispiel Wer, Wie, Wo, Was ...) kann hier die Frage „Welches Wort wird durch das Kürzel LKW abgekürzt?" dienen. Hierbei muss sich der Schüler an die Situation erinnern, in der dieses Problem schon einmal auftrat, die Lösung allerdings erarbeitet wurde. Mit dieser Situation kann er im Schulunterricht konfrontiert worden sein, zum Beispiel beim Unterrichtsthema „Verkehr", jedoch auch im privaten Bereich, wenn er beispielsweise mit seinen Eltern an der Straße stand und diese ihn vor dem Lastkraftwagen gewarnt haben. Wo auch immer diese Situation stattgefunden hat, die Lösung bedarf eines kognitiven Prozesses der Wiedererkennung bzw. des Erinnerns. Allerdings wird vom Schüler in diesem Falle auch kaum mehr geleistet, der kognitive Prozess bleibt eine Reproduktion von schon Gelerntem, es sei denn, es wird ihm in einer Prüfungssituation eine veränderte Aufgabenstellung präsentiert, innerhalb derer er urteilen und Beziehungen herstellen muss (Bloom 1976, vgl. S. 71). Solch ein auf Wissensdarlegung ausgerichteter Unterricht wirkt auf Dauer monoton und langweilig, verfehlt außerdem die Aufgabe von Bildung. Hierzu gehört nämlich auch die Schulung eigner Denkprozesse, die Petersen/Sommer mit der Denkfrage zu erfassen versuchen. Diese Fragen fordern den Schüler zum Gebrauch von bisher gelernten Fähigkeiten und Fertigkeiten auf neue, ihm unbekannte Situationen heraus. Die Frage „Was denkt ihr: Hätte Schröder 2005 auch die Vertrauensfrage gestellt, wenn die SPD die Landtagswahl in Nordrhein-Westfalen knapp gewonnen hätte?" kann unter die Kategorie der Denkfrage subsumiert werden, da die Lernenden hier verschiedene Perspektiven anlegen können, zusätzliche Informationen besorgen müssen und mittels einer Methode der Gewichtung zu einer Entscheidung gelangen müssen. Der Denkanstoß kann neben der Frage auch durch weitere Medien erreicht werden (siehe Kapitel 3.6, Abbildung 3).

Denkfragen können im Anschluss an die bisherige Beschreibung in enge und weite beziehungsweise konvergente und divergente Lehrerfragen differenziert werden. Konvergente Fragen, um in der Bezeichnungsmatrix von Petersen und Sommer zu verweilen, geben dem Antwortenden schon im Vorhinein einen engen Rahmen vor, da diese Frage zu einem Endergebnis oder zu einer erwarteten Antwort anregt. Der kognitive Prozess des Schülers wird durch diese Struktur in eine Bahn gelenkt, die schematisch wie folgt beschrieben werden kann:

Konvergente Frage → Denkweg A → Antwort A

Der Lernende erinnert sich an bereits gewonnen Erkenntnissen oder nimmt gegebene Fakten auf, analysiert und integriert diese nun in eine neue Problemsituation. Vor allem erarbeitende Gespräche tendieren zu dieser Frageart. Divergente Fragen hingegen setzten dem Antwortenden nicht solch enge Rahmen, sondern geben ihm die Möglichkeit, über verschiedene Denkwege zu verschiedenen Lösungen zu gelangen. Das Feld, in dem sich der Denkende bewegen kann, ist somit um einiges offener als dies bei konvergenten Fragen der Fall ist. „Was würdest du tun, wenn du Bürgermeister von Marburg wärst?" initiiert genau solch ein offenes Feld, das schematisch als Verlaufsmodell dargestellt werden kann:

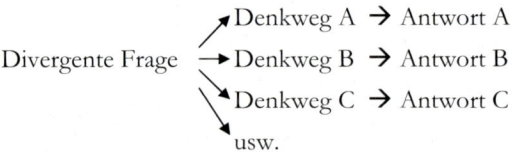

Die Kreativität der Schüler wird hier gefördert, da diese sich nicht an einem spezifischen, vom Lehrenden vorgegebenen Rahmen orientieren müssen und gleichzeitig eigene, für sich selbst neue Gedanken produzieren können (verarbei-

tendes Gespräch). Schließt sich in einigen Fällen an die Darlegung dieser Gedanken eine Diskussion um die selbigen an, können die betroffenen Schüler gleichzeitig die Tragfähigkeit ihrer Argumente kennen lernen und um deren Verteidi-
gung ringen. Der Pool an bereits gelernten Informationen kann vom Schüler bei
divergenten Fragen weit ausgeschöpft werden. Der geneigte Leser mag hierin
einen enormen Vorteil sehen, der mit Sicherheit auch nicht abzustreiten ist,
nichtsdestotrotz weisen Petersen/Sommer auf den berechtigten Platz von konvergenten Fragen im Unterrichtsprozess hin, deren Initiierung strenger, regelge-
leiteter und lösungsorientierter Denkweisen es in unserer heutigen von Technik
und Wissenschaft geprägten Kultur ein wichtiger Platz einzuräumen gilt (2006,
vgl. S. 31). Über die Tragweite der Wahl der jeweiligen Frageart sollte sich der
Lehrkörper im Vorfeld der Aussprache bewusst sein, da die Wirkung auf den
Unterrichtsfortgang von erheblichem Ausmaß sein kann. Die durch divergente
Fragen hervorgerufenen Antworten werden den Unterricht vorerst nicht mehr in
einer geradlinigen Art und Weise zum Unterrichtsziel weiterlaufen lassen. Abgesehen von den schon im Lehrer innewohnenden Kompetenzen der Strukturierung müssen die vielfältigen Stellungnahmen der Schüler in den Unterrichtsprozess integriert werden[17], ohne einen Schüler zu übergehen, und gleichzeitig darf
das Ziel, mit dem das Stellen der Frage verbunden ist, nicht aus dem Blick gera-
ten. Der Einfluss auf den Verlauf der Stunde ist schwerer möglich und kann zu
großem Zeitverlust führen, der bei dem Gebrauch von konvergenten Fragen so
nicht auftreten würde (ähnlich Bromme 1997, S. 193). Keine Frage: Beide Fragetypen haben ihre Berechtigung, doch sollte sich der Lehrer stets über die jeweilige
Wirkung im Klaren sein und zur passenden Situation die richtige Frageart wäh-
len.

Gefühlsgerichtete Fragen lenken den Blick nun pointierter auf die affektive Dimension von Unterricht. Gefühle nachzuempfinden, sich in Charaktere und
Figuren aus Kurzgeschichten oder zum Beispiel Dramen hineinzuversetzen,
Werte und Normen zu verteidigen und bei Streitthemen diese für sich selbst zu
gewichten, um so zu einem Werturteil zu gelangen, helfen den zu behandelnden
Stoff besser zu verstehen und sind nicht nur im Politik- und Wirtschaftsunterricht häufig Gegenstand der Unterrichtsstunde. Durch die Auseinandersetzung
mit Gefühlen der Mitmenschen werden den Schülern gesellschaftliche Richtziele
vermittelt, so zum Beispiel meinen Gegenüber mit Respekt zu behandeln, mich
an ein humanitäres und demokratisches Wertesystem zu binden sowie Gefühls-
dimensionen in Objektivationen dekodieren zu können (Petersen/Sommer 2006,
vgl. S. 34).

Um ein Feedback über den bisher geführten Unterricht zu bekommen oder um
sich über den Abschluss einer Handlung bei allen Schülern zu erkundigen, nutzt

---

[17] Lach/Massing (2006, S. 128) bezeichnen dieses Verfahren des Heraussuchens und
Bündelns richtiger Antworten auch als „Schleppnetzverfahren".

die Lehrkraft ablaufgerichtete Fragen. „Habt ihr das alles von der Tafel abgeschrieben?" ist zum Beispiel solch eine Frage, die dazu dient, den Unterricht weiter zu vollziehen. Zu diesen organisatorischen respektive ablauftechnischen Details können noch Fragen, die eine Beteiligung der Schüler an der Planung des Unterrichtes zur Folge haben, gezählt werden.

Den Abschluss der Liste von Petersen/Sommer über verschiedene Fragetypen bilden rhetorische Fragen, bei deren Gebrauch es dem Lehrer nicht um die Wissensfunktion sondern meist um disziplinarische Funktion geht. Eine Antwort ist also nicht erwünscht, lediglich die Änderung der für den Lehrer in seinem Unterrichtsfortgang als störend empfundenen Situation. Fällt dem Lehrenden ein seit einiger Zeit geistig abwesender Schüler auf, kann die rhetorische Frage „Bist du in diesem Raum noch anwesend?" dessen Konzentration wieder zurück auf den Unterrichtsinhalt lenken.

Die ausführliche Rezitierung der Klassifikation von Petersen/Sommer wird im Verlauf dieses Kapitels dazu dienen, weitere Klassifikationen nur noch andeuten zu müssen, da viele Erklärungen in der obigen Aufzählung bereits gegeben wurden. So finden wir bei Hilbert Meyer neben den bisher angeführten Typen von Fragen noch die Schrotschuß- und Ballon-Frage (Meyer 1987b, vgl. S. 207). Erstere zielt nur ungefähr in die Richtung, der das Gespräch dienen soll. Der Lehrer möchte hierdurch vielmehr alle Schüler der Klasse ansprechen, so dass sich möglichst viele von ihnen beteiligen. Die Ballon-Frage dient der Erkundung einer neuen Lernlandschaft und greift der Ordnung des Lehrgangs vor (z.B. „Wißt ihr, was 'ne Anti-Baby-Pille ist?").[18] Inwieweit diese beiden Kategorien notwendige Unterscheidungserleichterung bringen werden, sei dahingestellt.

Betrachten wir nun Interaktionsmodelle[19], wie beispielsweise das FIAC-System von Flanders (siehe Anhang S. I) oder das VICS-System von Amidon und Hunter (siehe Anhang S. III), können hier ebenfalls Fragekategorien unterschieden werden. Während bei den Flanders' Interaction Analysis Categories[20] lediglich

---

[18] Weitere Klassifikationen finden sich in einer Tabelle zusammengefasst bei Klinzig-Eurich/Klinzig (1981, S. 73ff.). Dabei wird nach fachspezifischen und fächerübergreifenden Einordnungsmodellen unterschieden.

[19] Gerade in den USA gibt es eine Vielzahl von Kategoriensystemen, was nicht zuletzt der schon länger bestehenden Forschung in diesem Bereich zu verdanken ist. Neben dem im Folgenden angesprochenen und von Flanders entwickelten affektiven Kategoriensystem, dass heißt, ein auf die Untersuchung vor allem des Klassenklimas beruhender Matrix, können des Weiteren kognitive (z.B. von Taba) und multidimensionale Systeme unterschieden werden (vgl. dazu Frech 1971). Für eine ausführliche Aufzählung verschiedener Beobachtungsinstrumente haben Hanke et. al eine Übersicht erstellt (1976, S. 86ff.).

[20] Flanders (1970, S. 34) spezifiziert die Kategorie 4 „Ask questions" wie folgt: „Asking a question about content or procedure, based on teacher ideas, with the intent that a pupil will answer." Beim genaueren Studium der einzelner Kategorien wird dem Leser deutlich, dass z.B. gefühlsgerichtete Fragen in die Kategorie 1 „Accepts feeling" zugeordnet

„Lehrer stellt Fragen" auftaucht, können beim modifizierten Flanderschen Modell von Amidon und Hunter (siehe Anhang S. II) vier Fragetypen unterschieden werden. Neben kognitiven Gedächtnis-, konvergenten und divergenten Fragen ist als vierter Fragetyp die „evaluative Frage" aufgeführt. Hierin werden Schüler zur Formulierung und Begründung eines Werturteils aufgefordert, was besonders im Politik- und Wirtschaftsunterricht von Bedeutung ist und angewandt werden sollte. Lippitt/Fox/Schaible (1969, S. 19) haben eine Liste von Fragearten zusammengestellt, die im Sozialkundeunterricht einem wissenschaftlich-experimentelles Problemlösen zuträglich sind. Hierbei unterscheiden sie neun verschiedene Fragetypen:

1. Beschreibend (z.B. „Was geschah?)

2. Vergleichend (z.B. „Worin ähneln sie sich?")

3. Historisch (z.B. „Wie begann es?")

4. Kausal (z.B. „Warum ist es so ausgefallen?")

5. Vorhersage (z.B. „Wie will es ausgehen?)

6. Experimentelle Hypothese (z.B. „Was wird passieren wenn ich...?")

7. Methodologisch (z.B. „Wie können wir das herausfinden?")

8. Wertfrage (z.B. „Welcher Weg ist der Beste?")

9. Bedeutung oder Anwendung (z.B. „Wie kann ich das für mich verwerten?")

Innerhalb des methodischen Vorgehens[21] zielt jeder Fragetyp auf einen besonderen Schritt ab und ist daher von gleich wichtiger Bedeutung.

Die jeweiligen Systeme von Flanders oder Amidon/Hunter können beliebig in ihren Kategorien erweitert werden, je nach dem zu beobachtenden Verhalten. Dabei kann sich der Beobachter, der sich dieser Klassifikationssysteme bedient, ganz seinen Interessen hingeben und die jeweiligen Beobachtungsschwerpunkte in Form von gefassten Kategorien in das Raster einfließen lassen und so für sich selbst optimal zuschneiden. Mit dieser durchaus komfortablen Möglichkeit der Erweiterung eines bestehenden Systems, geht mit der betreffenden Schwerpunktsetzung auch ein denkbarer Anstieg an verifizierten Untersuchungen einher, die das zu bearbeitende Thema – in diesem Falle das Lehrerverhalten – unübersichtlicher erscheinen lassen. Leider ist derzeit noch kein System gefunden, das dieses Verhalten in seiner Vollständigkeit weitestgehend abzubilden vermag, was wohl

---

werden müssen, obwohl diese Kategorie unter „Teacher Talk, Response" angeordnet ist (vgl. S. 44f.).

21 Ein Schema dieses Ablaufs kann bei Lippitt/Fox/Schaible (1969, S. 9) nachgelesen werden. In einer ähnlichen Art und Weise gehen auch Naturwissenschaftlern bei der Postulierung ihrer Experimente vor.

nie geschehen wird, da jene Lehr-Lern-Interaktion zu komplex gestaltet ist. Da in dieser Arbeit der Schwerpunkt auf dem Frageverhalten des Lehrers liegt, ist die Klassifikation von Petersen/Sommer eine gute Stütze für die Einordnung von Frageformen. Allerdings ist dieses System auch mit einigen Schwierigkeiten behaftet, auf die im Folgenden eingegangen werden soll.

Eine Schwierigkeit besteht unter anderem – das haben wohl alle Klassifikationen gemein – an der eindeutigen Zuordnung mancher Fragen zu einer bestimmten aufgeführten Kategorie. Wann nun ganz genau eine enge Frage wirklich eindeutig auch solch ein Fragetyp ist oder nicht vielmehr eine Wissensfrage, ist in einzelnen Fällen schwer zu eruieren. Diese Frage dann jener Kategorie zuzuordnen, deren eheste Zugehörigkeit der Beobachter ins Auge fasst, löst zwar kurzfristig dieses Problem, ist aber keine auf Dauer als optimal anzusehende Vorgehensweise, da Transparenz und Objektivität nicht gegeben sind. Meist werden die Fragen nicht in ihrem Wortlaut differenziert aufgeführt, sondern dem Leser schon in Form einer Statistik über die prozentuale Häufigkeitsverteilung präsentiert und damit in ihrer Zuordnung „verschlossen" wiedergegeben. Abgesehen von dieser Schwierigkeit tritt dem Beobachter bei Nutzung dieser Einordnungsvariante von Sommer/Petersen eine Undifferenziertheit entgegen, da die auf verschiedene kognitive Prozesse abzielende Fragearten nicht detailliert genug erfasst werden. Für den in unserem Fall zu untersuchenden Unterricht – eine Unterrichtsstunde im Fach Politik – wäre eine differenziertere Betrachtungsweise im Hinblick auf unterschiedliche, durch die Frage auszulösende Gedankenprozesse auf Seiten der Lernenden von Vorteil. Sollen Schüler nun ein Problem bewerten oder dieses mit einem weiteren Problem vergleichen, Alternativen vorschlagen oder Fakten dazu nennen können? Sind derartige Beobachtungsschwerpunkte Grundlage der Untersuchung, ist ein ausdifferenzierteres Modell zur Klassifikation von Lehrerfragen zu bevorzugen. Soll eine Unterrichtsstunde in solch einer Detaildichte beobachtet werden, sind die Kategorien von Petersen/Sommer auf Grund ihrer „groben" Strukturierung unzureichend. Geeignet erscheint dieses Modell hingegen für eine Erfassung verschiedene Stunden unterschiedlicher Schulfächer, um damit einen Gesamtüberblick über die Spannbreite der gestellten Lehrerfragen zu liefern.

Angesichts dieser Probleme und gewisser Vorzüge des im weiter zu erläuterten Schemas ist die folgende Aufstellung von Henkenborg (2008, S. 226ff.) zur Untersuchung der Unterrichtsstunde besser geeignet, wenn gleich dieses Schema vom Autor selbst als „Vorarbeit" für eine systematisch-empirische Exploration charakterisiert wird. Zwar ist diese Übersicht innerhalb eines Aufsatzes bezüglich kategorialer Bildung und kompetenzorientierter politischer Bildung erschienen, doch können wir diese Einteilung der Fragen für unsere Untersuchung gewinnbringend nutzen. Da die Diskussion um Kategorienlernen und Kompetenzerwerb in allen Unterrichtsstunden ein aktuelles Thema in der Literatur darstellt, bietet es sich im Hinblick auf die zukünftige Weichenstellung an, die Einteilung von Henkenborg zu verwenden, zu testen und auf ihre Tauglichkeit zu prüfen. Die folgende Übersicht ist ein Konglomerat aus drei Vorarbeiten, die an dieser Stelle Erwähnung finden sollen: Zum einen nutzt Henkenborg die Unterscheidung von politikwissenschaftlich interessanten Fragestellungen, die bei Patzelt zu finden sind. Des Weiteren gibt es eine empirische Untersuchung von den Autoren Helmut Niegemann und Silke Stadler über das kognitive Niveau von Lehrerfragen im Unterricht. Als dritte Vorarbeit nennt Henkenborg klassische Operatoren in Epas und Kompetenzbeschreibungen diverser Bundesländer.

Tabelle 2) Systematik der politikdidaktischen Fragen (aus: Henkenborg 2008, S. 226ff.)

Anforderungsstufe (AS)	Wissens-, Frage- und Aufgabentypen/Operatoren
AS I Konventionelle Schematisierung der Anforderungsbereiche „Beschreiben", „Analysieren", „Beurteilen"	**Rekonstruktionswissen, -fragen und -aufgaben** Fragen und Aufgaben, die Voreinstellungen, Vorwissen, subjektive Theorien von Schülerinnen und Schülern aktivieren
AS II Einordnungsinterpretation im Anforderungsbereich „Beschreiben"	**Faktenwissen, -fragen und -aufgaben** Fakten und Daten, Ereignisse kennen, wiedergeben, aufzählen, zusammenfassen **Elementarwissen, -fragen und -aufgaben** Wesentliche Aspekte, Merkmale und Beziehungen eines Sachverhaltes beschreiben, darstellen, darlegen **Definitionswissen, -fragen und -aufgaben** Begriffe in unterschiedlicher Genauigkeit benennen, bezeichnen und darstellen **Beispielwissen, -fragen und -aufgaben** Beispiele benennen und beschreiben **Vergleichswissen, -fragen und -aufgaben** Ähnlichkeiten und Unterschiede zwischen bestimmten Sachverhalten nennen, beschreiben und zusammenfassen **Ziel/Motivwissen, -fragen und -aufgaben** Einer Handlung zu Grunde liegende Interessen, Bedürfnisse, Motive etc. nennen, verstehen, interpretieren, charakterisieren und einordnen

Anforderungsstufe (AS)	Wissens-, Frage- und Aufgabentypen/Operatoren
AS III Rechtfertigungsinterpretation im Anforderungsbereich „Analysieren"	**Ziel/Programmwissen, -fragen und -aufgaben** Alternativen für politische Problem-, Handlungs- und Entscheidungssituationen erkennen und erläutern **Zusammenhangswissen, -fragen und -aufgaben** Ursache-Wirkungszusammenhänge erkennen und erklären; Folgen und Nebenfolgen erkennen; „Wenn- dann" -Beziehungen erkennen und erläutern **Prozesswissen, - fragen und -aufgaben** Die Entstehung und Entwicklung von politischen Sachverhalten erkennen und erläutern **Voraussetzungswissen, -fragen** Die für das Erreichen eines vorab definierten Ziels notwendigen Prämissen und Maßnahmen erkennen und erläutern **Instrumentenwissen, -fragen und -aufgaben** Erschließen und erläutern , welche Instrumente, Pläne und Handlungsabläufe notwendig sind, um ein bestimmtes Ziel zu erreichen **Anwendungswissen, -fragen und -aufgaben** Das Gelernte auf neue Situationen übertragen
AS III Rechtfertigungsinterpretation im Anforderungsbereich „Beurteilen"	**Wertbestimmungswissen-, -fragen und -aufgaben** Eigene Wertbegriffe entwickeln, begründen, diskutieren und vertreten **Wertabwägungswissen, -fragen und -aufgaben** Unterschiedliche Werte, Zielkonflikte und Dilemmata problematisieren, abwägen, erörtern, diskutieren **Urteilswissen, -fragen und -aufgaben** Sachverhalte, Handlungen, Entscheidungen, Argumente beurteilen **Handlungsanweisungswissen, -fragen und -aufgaben** Aus Urteilen Handlungskonsequenzen ableiten
AS IV Metainterpretation	**Wissenschaftspropädeutische(s) Wissen, Fragen und Aufgaben**

Diese Aufstellung bietet für die nachfolgende Untersuchung folgende Vorteile:

- Die Fragen sind gezielt auf den Politikunterricht ausgerichtet und ausgesucht worden. Da der Autor als Professor für Politikdidaktik an der Philipps-Universität Marburg tätig ist, ist diese Bezogenheit auch nicht weiter verwunderlich und der Kenntnis des Autors nach das differenzierteste Modell mit Bezug auf das Unterrichtsfach Politik und Wirtschaft.[22]

- Im Gegensatz zu der Auflistung von Petersen/Sommer findet in dem vorliegenden Modell eine Aufteilung der Anforderungsstufen statt, folglich werden die unterschiedlichen kognitiven Niveaus, welche durch Verwendung verschiedener Fragetypen im Schüler initiiert werden sollen, registriert. Die Aufteilung und Reihenfolge in „Beschreiben", „Analysieren" und „Beurteilen" finden sich auch in ähnlicher Form bei Lippitt/Fox/Schaible (siehe oben) und demonstrieren eine Vorgehensweise zur Erschließung von politischen Problemen.

- Additiv fand eine Zuordnung der Fragen zur jeweiligen Anforderungsstufe statt. Neben der detaillierteren Auflistung von Fragetypen wird dem Beobachter bei Verwendung dieses Schemas so eine Hilfe der Einordnung kognitiver Leistungen an die Hand gegeben. Zusätzlich fand eine spezifischere Beschreibung der jeweiligen Wissens-, Fragen- und Aufgabentypen statt, womit Anhaltspunkte zur Einordnung der beobachteten Fragen angeführt sind und diese die Arbeit erleichtern können.

Ob sich die in der Tabelle 3 angeführte Auflistung als sinnvoll und für die Praxis handhabbar erweist, wird nach der Darstellung des Fallbeispiels erläutert werden (Kapitel 6.2.1 und 6.2.7). Beispielsweise kann der Nutzer dieser Klassifikation von Lehrerfragen und -aufgaben hinsichtlich der eigenen Existenzberechtigung von „Instrumentenwissen" anderer Meinung sein und diese als Subkategorie des Voraussetzungswissen ansehen. Ein Test anhand einer zu beobachtenden Stunde wird einiges an praktischer Erfahrung mit diesem Schema erbringen und dann mögliche Verbesserungsvorschläge hervorrufen. Von Vorteil ist dieses für den Politik- und Wirtschaftsunterricht zugeschnitte Schema schon auf Grund des nicht erhobenen Anspruchs auf eine Auflistung allgemein auf alle Schulfächer anwendbaren Fragetypen, wodurch einer Forderung zur Entwicklung solcher spezifischer Schemata Folge geleistet wurde (Gall 1970, vgl. S. 711).

3.5   Die Wartezeit des Lehrers

Die Qualität der Schülerantworten hängt neben der spezifischen Wahl der Frageart auch mit der Wartezeit nach dem Ausspruch der Frage zusammen (Tobin 1987, vgl. S. 91). Es liegt auf der Hand, dass gerade bei Unterrichtsgesprächen,

---

[22]   Dies ist die Bezeichnung für das Schulfach im Bundesland Hessen. Eine Auflistung weiterer Bezeichnung innerhalb der Ländergrenzen der Bundesrepublik Deutschland hat Tschirner in seinem Aufsatz angeführt, dessen Thematik einen kritischen Blick auf die Ausweitung der ökonomischen Themen bezüglich des Politikunterricht richtet (2007, S. 278ff.).

die auf einem sehr abstrakten Niveau geführt werden, Schüler ausreichend Zeit zum Überlegen brauchen und nur so fundierte Antworten bilden können. Die Pause nach der Fragestellung ist wichtig, doch „gehört einige Erfahrung dazu und auch pädagogischer Takt, um zu spüren, wie lange die Spannung einer Frage vorhält, d.h. wie lange der Lehrer noch auf die langsamen Denker warten darf" (Jannash/Joppich 1964, S. 81). Demnach befindet sich ein Lehrer stets in einem Zwiespalt zwischen möglichst breiter Beteiligung aller Lernenden und weiterem Motivationserhalt der schnell denkenden Schüler. Nach einer gestellten Frage registriert der Lehrkörper die ersten Meldungen und nimmt auch meist einen dieser Schüler rasch dran. Dies liegt zum großen Teil daran – durch eigene Erfahrung aus den Schulpraktischen Studien zu bestätigen – dass das subjektive Zeitempfinden während des Wartens länger ist als der tatsächliche Wartezeitraum. Schüler brauchen aber genug Zeit, um gegebene Informationen zu verarbeiten und durchdachte Antworten vorzubereiten.

Rowe charakterisiert im Unterrichtsprozess zwei Wartezeiten. „Wait time I" ist jene Zeit, die nach einer Lehrerfrage bis zum Beginn einer Schüleräußerung, meist eine Antwort auf die gestellte Frage, vergeht. Hier hat die Lehrperson also die Möglichkeit, mit dem Tempo des Unterrichtsfortgangs zu variieren, ruft *er* doch den zu antwortenden Schüler auf. Antwortet der Schüler nicht oder zögert er, wiederholt der Lehrer die Frage beziehungsweise reformuliert sie „unter Einbeziehung antworterleichternden Informationen" (Reiß 1982, S. 252) oder gibt selbst die Antwort auf die Frage. Mit „Wait time II" wird die Zeit zwischen dem Ende der Schüleräußerung und dem Beginn des Sprechaktes des Lehrers bezeichnet, der den Schüler für seine Antwort lobt, diese wiederholt oder korrigiert, eine neue Frage stellt oder anderweitig reagiert (ebd., vgl. S. 252; Gudjons 2003a, vgl. S. 65f.).

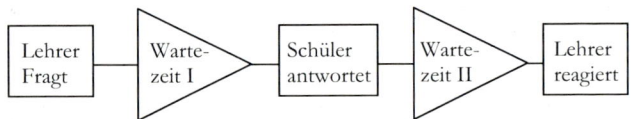

Abbildung 2) Wartezeit bei gestellten Fragen von Lehrern[23]

Den Durchschnittswert der Wartezeit I konnte Rowe (1986) auf 1 Sekunde datieren, Niegemann/Stadler (2001, S. 182) hingegen mit ca. 2 Sekunden doppelt so lange. Würde diese Zeit auf mindestens drei Sekunden ausgedehnt, so könnten

---

[23]   Neben dieser Art der Definition von Wartezeit, die nach Rowe getroffen wurde, führt Tobin (1987, vgl. S. 91) in seinem Anhang noch zwei weitere mögliche Einteilungen auf. Duell et al. (1992, S. 483) haben bei einer Untersuchung von Professoren herausgefunden, dass diese im Durchschnitt 2,25 Sekunden (Wartezeit I) bzw. 0,45 Sekunden (die Wartezeit II) warten.

nach Rowe wesentliche Verbesserungen hinsichtlich der Schülerantworten erreicht werden:

a) Die Länge der Antworten nimmt zu (zwischen 300% und 700%);
b) die Anzahl der unaufgeforderten, aber angemessenen Antworten nimmt zu;
c) das Ausbleiben von Antworten nimmt ab;
d) das Selbstvertrauen nimmt zu, was sich in einer Abnahme von Antworten mit Inflexion zeigt;
e) die Häufigkeit spekulativer Antworten nimmt zu;
f) die Häufigkeit der Vergleiche von Aussagen, die von verschiedenen Schülern stammen, nimmt zu;
g) die Häufigkeit von Äußerungen, die Schlussfolgerungen aus Informationen darstellen, nimmt zu;
h) die Häufigkeit der von den Schülern gestellten Fragen nimmt zu;
i) die Häufigkeit der Antworten von Schülern, die vom Lehrer als relativ langsam eingeschätzt werden, nimmt zu;
j) die Vielfalt der von den Schülern gezeigten Verhaltensweisen nimmt zu.

Tobin (1987, S. 90f.) führt allerdings in seiner Zusammenfassung an, dass „the proposition that classroom learning environments can be improved substantially by increasing wait time alone is too simplistic. Classroom interactions are complex and differences between teacher and students probably preclude any strategy from being effective in all situations." Zwar müssen Lehrer, um eine höhere Stufe des kognitiven Prozesses zu erreichen, zur Beantwortung der Fragen mehr Zeit lassen, doch hängt die Wartezeit eben immer auch von der jeweiligen Lerngruppe und dem jeweils zu bearbeitenden Stoff ab. Der Lernende muss zur Beantwortung der Frage in seinem Langzeitgedächtnis nach passenden Informationen suchen, diese in sein Arbeitsgedächtnis überführen, prüfen, ob diese Information die gestellte Frage des Lehrenden beantwortet und schlussendlich diese aussprechen (Duell et al. 1992, vgl. S. 484; Duell 1994, vgl. S. 398). Dieser hochkomplexe Gedankenprozess benötigt Zeit, vor allem bei kognitiv anspruchsvollen Fragen.

Die Reaktion der Lehrer auf Schülerantworten erfolgt meist innerhalb von einer bis zwei Sekunden. Hiernach wird entweder auf die Schüleräußerung Bezug genommen, die Frage wiederholt, ein anderer Schüler aufgerufen oder etwas anders gesagt. Bei einer längeren Wartezeit und der Verringerung des Tempos kann die Aufmerksamkeit und die Leistung der Schüler erhöht werden, da sie längere Antworten entwickeln und den Beitrag im Niveau steigern (Gage/Berliner 1996, vgl. S. 559). Zudem haben Schüler, sollten sie die falsche Idee zu Beginn der Lösung der Frage aufgenommen haben, weder die Möglichkeit, diesen Gedankenprozess mit seiner intrinsisch angelegten Lösungsgrenze noch die Suche nach einem anderen Denkansatz und dem eventuell richtigen Schlüsselgedanken zu entwickeln. Wird dieser Prozess – dessen langsames und mühsames Vorgehen es auszuhalten gilt – stets unterbrochen, lernt der Schüler nur unzureichend Durchhaltevermögen auch bei schwierigen Fragen zu bewahren und ein kognitives Netzwerk für die Lösungsansätze künftiger Aufgaben anzulegen, ganz abgesehen von der abnehmenden Motivation der Beantwortung solcher Fragen, da der Lehrer sowieso einen anderen Schüler bei ausbleibender Antwort drannehmen wird (Rowe 1986; Duell 1994, vgl. S. 399). Kumulativ wirkt dann dieses „Vorantreiben" des Unterrichts, „if the student takes the time to complete the processing and to elaborate, the student may miss the next part of the teacher's lecture or the next teacher question and the benefits answering it could provide" (ebd., S. 399). Dennoch ist ein schnelles Tempo nicht gänzlich abzulehnen. Gilt es zum Beispiel vor einer Pro- und Contra-Debatte die Teilnehmer für das Thema zu sensibilisieren und spontane Äußerungen einzuholen, so ist ein schnelles, zum Teil auch mit zuvor geäußerten Stellungnahmen konfrontierendes Drannehmen sinnvoll (ähnlich Good/Brophy 1989, vgl. S. 57f.). Generell sollte dieses Vorgehen aber nicht vorherrschen und im genannten Beispiel im Dienste der Methode stehen, denn eine zu hohe Geschwindigkeit wird gerade von schwachen Schülern als Überforderung und Leistungsdruck erlebt, woraus sinkende Lernfreude und -bereitschaft sowie ein geringeres Selbstvertrauen resultieren können (Bromme 1997, vgl. S. 193).

Ein gutes Maß für den Fortgang des Unterrichts, nachdem eine Frage gestellt wurde, bildet die Anzahl der Schülermeldungen. Sind mehrere Schüler der Klasse und nicht nur die üblichen Leistungsträger bereit, sich zu äußern, so kann von einer ausreichenden Bedenkzeit ausgegangen werden. Hat der Lehrer nun so viel Zeit investiert, so sollte er auch zu Beginn die schwächeren Schüler drannehmen, die sich gerade zu diesem Zeitpunkt – im Gegensatz zu der meist überwiegenden Zeit im Unterricht – hervortun und einen Beitrag liefern können. Auch die Leistungsträger, die subjektiv das Gefühl haben, zu wenig drangenommen zu werden, dürfen nicht zu sehr vernachlässigt werden, da sich dies auf die Motivation der Mitarbeit negativ auswirken wird.

Ein Training in Form von Microteaching, das Studieren von Artikeln über das Thema der Instruktion, Minikurse inklusive der Auswertung von geschriebenen Material und Aufgabenklassifikationen haben einen positiven Effekt auf die Verlängerung der Wartezeit von Seiten des Lehrers, wobei diese Verbesserung signifikant bei der durch den Lehrkörper besser zu kontrollierenden zweiten Wartezeit zu erkennen ist (White/Tisher 1986, vgl. S. 879). Wichtig zu erforschen ist für die Autoren die Nutzung der Wartezeit durch Denkprozesse bei Lehrern wie Schülern, über deren Ausprägung noch wenig bekannt ist. Mit diesen Informationen könnte möglicherweise eine weitere Effizienzsteigerung durch eine gezieltere Nutzung dieser Wartezeit erreicht werden.

3.6 Exkurs: Die Lehrerfrage in Abgrenzung zu Impuls und Denkanstoß

Nachdem scharfe Kritik bezüglich der Lehrerfrage entstand, war unter anderem eine Lösung des Problems die Forderung danach, die Frage vermehrt durch Impulse zu ersetzen. Der bisher gescholtenen Lehrerfrage sei auf diese Weise gut aus dem Weg zu gehen. Sicher ist damit nicht viel gewonnen, denn weiterhin bleibt ein hoher Aktivierungs- und Sprachanteil auf dem Lehrer konzentriert. Dennoch erscheint eine Auseinandersetzung mit jenen zwei Varianten – Impuls und Denkanstoß – angebracht, um die Konstruktion der Lehrerfrage genauer abgrenzen und herausarbeiten zu können.

Aschersleben (1977, vgl. S. 125) hat versucht, Unterrichtsimpulse zu systematisieren und in einem Schema abzubilden (siehe Abbildung 3, S. 44). Dieses Schema erhebt keinen Anspruch auf Vollständigkeit, da vor allem die Aspekte, die Schülerinnen und Schüler (SuS) betreffen sowie die Sachimpulse genauer differenziert werden müssten. Keck (1998, vgl. S. 15) hat auf die unscharfe Trennung zwischen Personen- und Sachimpuls hingewiesen und nennt als wesentliches Unterscheidungsmerkmal den unterschiedlich gesetzten Ausgangspunkt: Beim Personenimpuls werden die Schüler zum Handeln und Denken durch eine Person veranlasst, wohingegen beim Sachimpuls der Ausgangspunkt des Schülerinteresses auf der Sache liegt und sich dieser an der Spannung, dem Widerspruch oder der Ungeordnetheit aufreibt. Ähnliche Auflistungen an Impulsen finden wir auch bei Münch (1952), Thiele (1981, S. 68; siehe Anhang S. IV) und Steindorf (1981, S. 146f).

Steindorf gliedert sprachliche Impulse nach Imperativen (z.B. „Beschreibe!" oder „Beobachte!"), allgemeinen Äußerungen (z.B. „Interessant!", „Weiter!" oder „Und!"), Einsprüchen (z.B. „Da bin ich anderer Meinung!") und Wiederholungen (z.B. sagt der Schüler „Die EG-Staaten räumen sich gegenseitig Präferenzzölle ein", worauf der Lehrer mit „'Präferenzzölle', sagst du" antwortet). Letztere fordern meist zu einer Stellungnahme auf und Einsprüche dienen als Lernhilfe für den Schüler und nicht als Tadel. Verbale Impulse sind also größtenteils Fragen und Appelle, die in Aussagesätzen umformuliert sind. Die non-verbalen Impulse, die meist sprachunterstützende oder sprachersetzende Funktion haben, unterteilt Steindorf in mimische und mediale Impulse sowie Sprechpausen (siehe auch Bittner 2006). Diese sind für den Schüler ein Zeichen für einen nicht befriedigenden Beitrag. Mediale Impulse können durch ein Modell beziehungsweise einen Gegenstand, durch einen Versuch oder das Deuten auf Einzelheiten in einem Bild ausgeführt werden (siehe auch Riedl 2004).

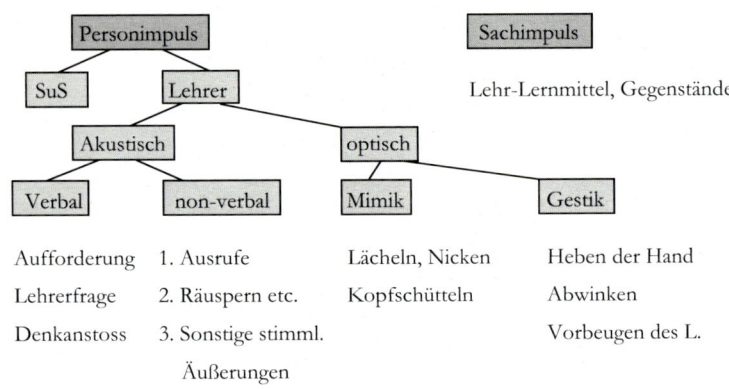

1. Aufforderung	1. Ausrufe	Lächeln, Nicken	Heben der Hand
2. Lehrerfrage	2. Räuspern etc.	Kopfschütteln	Abwinken
3. Denkanstoss	3. Sonstige stimml.		Vorbeugen des L.
	Äußerungen		

Abbildung 3) Systematik der Unterrichtsimpulse (zusammengestellt nach Aschersleben 1977, S. 125 und 1979; eigene Ergänzungen)

Nun ist mit dieser Auflistung noch nicht viel gewonnen. Nach Bittner (2006) und Steindorf (1981, S. 146) zu urteilen, ist der Impuls offener gestaltet, „seine Formulierung nicht so zugespitzt wie die [der, M.L.] Frage", ein dialogischer Interaktionsraum kann so also eröffnet werden. Salzmann (ähnlich Keck 1998, vgl. S. 14) nähert sich der Abgrenzung von Denkanstoß, Lehrerfrage und Impuls auf phänomenologischer Art und Weise und „der Impuls bezieht sich auf den gesamten Bereich möglicher Aufgaben. Er dient also zur Aktivierung jeglichen kindlichen Tuns, aller Tätigkeiten, die im Rahmen eines unterrichtlichen Vorhabens notwendig werden, also zur Aktivierung eines planenden wie auch eines ausführenden, eines geistigen wie auch eines manuellen, eines konstruktiven wie auch eines kritischen, eines gestaltenden wie auch eines nachvollziehend-verstehenden Tuns" (Salzmann 1974, S. 42). Der Impuls scheint also eine große Bandbreite der Schüleraktivierung abzudecken und ist nicht so pointiert wie die Frage ausgerichtet, die durch das genutzte Fragewort Merkmale auf das Gesuchte preisgibt und dem Lernenden so viel Denktätigkeit vorwegnimmt. Der Impuls (lat. Impulsus = Anstoß) gibt von außen einen Anstoß zum Handeln, wobei das Zentrum dieses Handelns in der Person selbst liegt. Der Denkanstoß zeichne sich, so Ritz-Fröhlich (1976) (ähnlich Thiele 1981, vgl. S. 70), doch vor allem durch die Ausrichtung aufs Denken aus. Wird also beim Impuls der Schüler zum Arbeiten zu aktivieren versucht, obwohl die Arbeitsmotivation letztlich bei ihm selbst liegt und eine unmittelbare Reaktion nicht erwartet werden kann, so richtet sich der Denkanstoß direkt an seine kognitiven Strukturen. Ob sich der Lernende selbst motiviert zu Handeln und zu denken, wird hier vernachlässigt, denn der Schüler *muss* denken, um das Problem zu lösen. Wie schon bei dem Erklärungsversuch zu Differenzen von Impuls, Lehrerfrage und Denkanstoß zu erkennen ist, gestaltet sich eine eindeutige Charakterisierung als sehr schwierig. Wird zu dieser Feststellung das Ergebnis der Untersuchung von Cursiefen (1969, vgl. S. 197) hinzugezogen, in der der Autor feststellte, dass Schüler zwischen Lehrerfrage und Lehreraufforderung keinen Unterschied machen, dann stellt sich zum einen die Frage nach der Unterscheidung dieser Impulse und zum anderen nach dem Sinn der „krampfhaften" Vermeidung des Fragestellens. Um es mit den Worten von Aschersleben zu sagen: „Der Schluß liegt nahe, zunächst einmal auf die traditionelle Gliederung des verbalen Lehrerimpulses in *Aufforderung, Frage und Denkanstoß* zu verzichten. Denn es scheint keine motivationale Abhängigkeit zwischen Schülerverhalten und logischer oder grammatikalischer Struktur des Lehrerimpulses zu geben" (1977, S. 128f)[24]. Steindorf nahm die didaktische Funktion von Impuls und Frage stärker in den Fokus, dessen Ergebnisse in Tabelle 2 (siehe S. 37) zusammengestellt wurden. Steindorf kommt zu dem Schluss, beide Möglichkeiten der Förderung von Denkprozessen zu nutzen und sieht demnach in der Auseinandersetzung darüber, was denn nun eine Frage, was ein Impuls und was ein Denkanstoß genau sei und voneinander unterscheide als wenig zielführend an (ähnlich Riedl 2004, S. 123).

Tabelle 3) Didaktische Bedeutung von Impuls und Frage (eigene Zusammenstellung nach Steindorf 1977; ähnlich Stöcker 1960, S. 143)

Fokus	Frage	Impuls
Art und Ausmaß der Denkanregung	Lenkt Schülerdenken auf eine Denklinie	Eröffnet Denkfeld
Sprachliche Situation	Ein-Wort-Antwort oder ähnlicher Satz wie Frage	Freies Formulieren, längere Äußerung möglich
Materialer Aussagegehalt	gleich	gleich
Unvertauschbarkeit	Als Wiederholungs- und Prüfungsfrage unersetzbar, präziser Anstoß einer Sache	Mobilisierung von bereits Erkanntem, weniger für Neufindung von Einsichten

Stöcker (1960, S. 142) versteht unter dem Unterrichtsimpuls „die sprachlichen, mimischen und gebärdenhaften *Denkanstöße* des Lehrers neben und teilweise an Stelle der Lehrerfrage" (Hervorhebungen vom Autor M.L.), folglich kann auch

---

24 Auch in seinem Werk von 1985 sieht Aschersleben (vgl. S. 85) diese Unterschiede noch nicht wissenschaftlich erforscht. Zur reinen grammatikalischen Unterscheidung gibt er folgendes Beispiel, wobei der Schüler in Form des Antwortens stets die gleiche Handlung vollzieht:

1. Denkanstoß: „Was die Bauern, die zum Thingplatz reiten, sich erzählen, klingt nicht lustig"
2. Aufforderung: „Denkt einmal darüber nach, was die Bauern sich erzählen, während sie zu reiten!"
3. Lehrerfrage: „Was mögen sich die Bauern wohl erzählt haben, während sie zum Thingplatz ritten?"

bei ihm keine strikte Trennung zwischen Impuls und Denkanstoß herausgelesen werden.

Auf den Vorzug des Impulses hinsichtlich der Eröffnung eines Denkfeldes, in dem mehrere Wege zum gleichen Ziel und damit zur Lösung führen, arbeiteten auch schon Jannash/Joppich (1964) heraus und hielten dies im folgenden Schema fest:

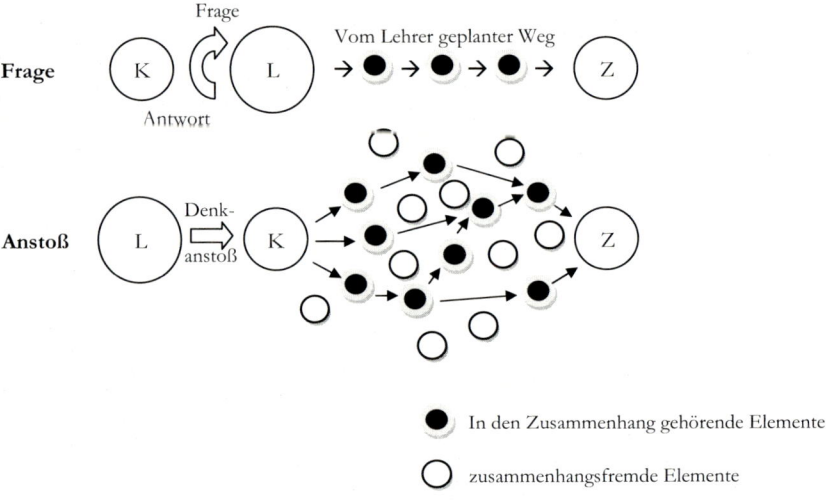

Abbildung 4) Unterschied bezüglich der Denkwege bei Lehrerfrage und Denkanstoß (nach Jannash/Joppich 1964, S. 84)

Der Impulsunterricht regt folglich die „geistigen Kräfte" der Schüler an und verlangt zusätzlich nach „Durchhaltevermögen" (Jannasch/Joppich 1964, S. 84). Wie in der Abbildung 4 zu erkennen ist, können Schüler in einem mit Denkanstößen oder Impulsen angeregtem Unterricht verschiedene Denkwege verfolgen und somit je nach Fähigkeiten und kognitiven Strukturen beziehungsweise vorhandenem Wissensnetz, welches mögliche Anknüpfungs-punkte bietet, zu dem gleichen Ziel gelangen. In dem mit Fragen angereicherten Unterricht werden nun aber kaum differenzierte Fragearten genutzt, wodurch die Schüler den in der Vorbereitung vom Lehrer geplanten Denkweg nach verfolgen und selbst nur unzureichend im eigenen Problemlösen herausgefordert werden. Hier treten nicht die Sache und ihre Gesetzlichkeit in den Vordergrund, sondern die Beantwortung, die durch die Lehrerfrage in Teilstücken schon vorgegeben sein kann;

somit kann der Impuls einen wichtigen Beitrag zu Verarbeitungsgesprächen leisten.

Die negative Wirkung auf die Sprachweiterentwicklung der Lernenden bei der Beantwortung einer Frage erschließt sich, wenn – wie im Kapitel über die Funktion der Lehrerfrage bereits angesprochen – die Frage im Schüler durch das Fehlen eines Wortes ein unbefriedigendes Gefühl hervorruft, dessen Stillung hingegen alsbald erfolgen soll. Antwortet der vermeintlich wissende Schüler auf die Frage, so wird meist entweder nur das fehlende Wort genannt (Ein-Wort-Antworten) oder die Satzstruktur der vom Lehrer gestellten Frage soweit übernommen, bis die Antwort mit in die Satzstruktur eingebunden werden kann (ähnlich siehe Klippert 2000, vgl. S. 13).[25] Im Gegensatz zum Impuls, worauf der Lernende mit der Darlegung seiner Gedanken und seinem geplanten Weg im Hinblick auf das Ziel zum freien Reden gezwungen wird, wird bei der Frage der Gebrauch der Sprache und die eigenständige Denkarbeit nur unzureichend gefördert (ähnlich siehe Thiel 1981, S. 69). Sicherlich kommt es auch hier wiederum darauf an, welcher Fragentyp verwendet wird, doch sollte sich der Lehrende über dieses mögliche Defizit im Klaren sein.

Hinsichtlich des Aussagengehalts ist wenig anzumerken, da bei beiden Varianten am Ende jeweils das gleiche Ergebnis steht und damit der Aussagegehalt weitestgehend gleich ist. So könnte man bei der Verwendung von Impulsen in dem hier behandelten Sinne von dem Sprichwort „Der Weg ist das Ziel" sprechen, wohingegen bei der Fragennutzung der Weg für den Schüler schon stark vorbereitet wurde. Anders verhält es sich hingegen bei der Kategorie der Verwendung. Trotz der scharfen Kritik an der Lehrerfrage seit Beginn des 20. Jahrhunderts ist sie immer noch im Unterricht anzutreffen. Dies mag unter anderem auch der für Prüfungen und Wiederholungen – bei denen es um die Nachprüfbarkeit erworbenen Wissens und weniger um die Fähigkeit der Lösungsentwicklung geht – gut geeigneten Methode des Abfragens geschuldet sein. Für diese Situationen bietet die Frage eine effiziente Form der Leistungskontrolle. Aber auch für den im Alltagsunterricht gezielt anzustoßenden Gedankenmoment bietet die Lehrerfrage eine geeignete Struktur, wohin-gegen der Impuls durch sein Hervorrufen eines „freien Denkplatzes" dazu nicht in der Lage ist. Daher dient dieser eher dem Sammeln von Informationen, die die Schüler zu einem bestimmten Thema schon gelernt haben oder zu einer freien Diskussion eines Streitpunktes.

Stöcker (1960, vgl. S. 146) arbeitet noch einen wichtigen Punkt bezüglich des Unterrichtsimpulses heraus. Das Rollenverständnis zwischen Lehrer und Schüler ist bei der Verwendung des Impulses im Gegensatz zur steten reinen Abfrage

---

[25] Für Klippert ist die allgemeine Spracharmut allerdings nicht alleine auf die „Deformierungsprozesse im Unterricht" zurückzuführen, wird aber durch die „gängige Frage- und Impulstechniken der Lehrkräfte ganz ohne Zweifel" begünstigt und verstärkt (Klippert 2000, S. 13).

und der damit einhergehenden Deklassierung des Lernenden von anderer Gestalt. Bei der Abfrage wird der Schüler als Prüfling angesprochen, im anderen Fall als gleichwertiger Mitarbeiter eingeschätzt, so dass ein gemeinschaftliches Arbeiten sich einzustellen beginnt.

3.7 Quantitative und Qualitative Erhebungen von Lehrerfragen – Forschungsergebnisse

3.7.1 Quantitative Erhebungen

Wie bereits in der Einleitung erwähnt, muss auf Grund der heute geringen Anzahl an neuen Untersuchungsergebnissen bezüglich der Lehrerfrage im Unterricht eine Verlagerung des Forschungsschwerpunkts hinsichtlich kognitiver Prozesse konstatiert werden, in deren Konsequenz wir in diesem Kapitel auf überwiegend älterer Forschungsliteratur zurückgreifen müssen. In diesem Feld der empirischen Analyse haben sich unter anderem Reinhard und Anne-Marie Tausch herausgehoben, die zahlreiche Veröffentlichungen zum Lehrerverhalten und dessen Wirkung auf Schüler publiziert haben. Über die Häufigkeit von Lehrerfragen im Unterricht gibt die folgende Tabelle (Tabelle 4, S. 49) eine Übersicht (nach Tausch/Tausch 1973, S. 207f., Wieczerkowski 1965), deren Anordnung die durchschnittliche Anzahl der Fragen der Lehrer (L-Fragen) pro Stunde, die Anzahl untersuchter Lehrpersonen (L-Personen), die beobachteten Stunden (inkl. Klasse), den Durchschnittswert pro Stunde sowie den Autor der Forschungsstudie inklusive des Jahres der Veröffentlichung nennt. Besondere Umstände innerhalb der Erhebung sind in der letzten Spalte angegeben.

Die Durchschnittswerte sind wie folgt berechnet worden: Angenommen, durch die Erhebung wäre im Schnitt aller beobachteten Unterrichtsstunden 69 Fragen zu verzeichnen gewesen, so werden die ersten und letzten zweieinhalb Minuten der Unterrichtsstunde auf Grund administrativer und technischer Gegebenheiten (Anwesenheit kontrollieren, allgemeines Besprechen, Ruhe einkehren lassen) von fünfundvierzig Minuten abgezogen, um so eine Kernunterrichtszeit zu erhalten.[26]

---

[26] Diese Kernunterrichtszeit ergibt sich außerdem aus den Untersuchungsmethoden: Die Autoren verfahren meist nach folgendem Prinzip: Aus einer Stunde werden ca. drei Minuten am Anfang, in der Mitte und gegen Ende ausgewertet und auf vierzig Minuten hochgerechnet.

Tabelle 4) Häufigkeit von Lehrerfragen

Anzahl der L-Fragen	Beobachtete L-Personen	Ausgewertete Stunden (Klasse)	Anzahl der Fragen pro Zeiteinheit	Autor (Jahr)	Bemerkungen
56	30	35 (3.+4. Klasse)	Alle 43 Sekunden eine Frage	R.Tausch (1960)	33% der Stunden mit einem Mittelwert von 96 L-Fragen
86	10	10 (3. Und 4. Schuljahr)	Alle 28 Sekunden eine Frage	R.Tausch (1962)	
61	10	10 (5. Und 6. Schuljahr)	Alle 39 Sekunden wurde eine Frage vom Lehrer gestellt	Tausch, Köhler u. Fittkau (1966)	
56	35	103	Alle 43 Sekunden eine Frage	Tausch, Tausch u. Fenner (1969)	
41	34	41 (1.-6. Klasse)	Fast jede Minute eine Frage	A. Tausch (1966)	US-Volksschullehrer wurden untersucht
87,6	73	73 (ver. Volksschulen)	Alle 27 Sekunden eine Frage	Wieczerkowski (1965)	
92	21	530 Schüler (4.-9. Schuljahr)	Alle 26 Sekunden eine Frage	Höder, Joost u. Klyne (1975)	Studienreferendarinnen mit min. 1 Jahr Unterrichtserfahrung (Mathematik und Deutsch)
82	10	40	Alle 30 Sekunden eine Frage	Niegemann u. Stadler (2001)	

So wird aus den Daten der Tabelle 4 deutlich, dass ein hoher Anteil von Lehrerfragen am Unterricht zu konstatieren ist, denn im Mittel wird alle 37 Sekunden eine Frage gestellt. Nun ist ersichtlich, dass wenn der Lehrer spricht, Schüler in einer rezeptiven und konsumierenden Haltung verweilen, selbst am Unterrichtsgeschehen aber nicht aktiv teilnehmen. Jede Gesprächszeit der lehrenden Person kürzt so die mögliche Redezeit der Lernenden. Ob die Schüler tatsächlich mehr

Redeanteil im Unterrichtsprozess erhalten oder vermehrt Stillarbeit absolvieren müssen, ist damit noch nicht gesagt. Um die durch weniger Lehrerfragen gewonnene Zeit qualitativ hochwertig zu nutzen, müssen kognitiv anspruchsvolle, aber ausgewogene Fragen gestellt oder vernünftige, für die Weiterentwicklung des Schülers brauchbare Einzel-, Partner- oder Gruppenarbeiten beziehungsweise Diskussionen initiiert werden. Sinnvoll erscheint es daher vorerst, den tatsächlichen Anteil der beanspruchten Unterrichtszeit durch das Stellen von Fragen seitens des Lehrers zu dokumentieren. Klinzig-Eurich/Eurich (1981, vgl. S. 65f.) haben sich dieser empirischen Exploration gewidmet, die Ergebnisse sind in der folgenden Tabelle (Tabelle 5) zusammengestellt. Dabei entspricht die Spaltenbezeichnung der in Tabelle 4. Lediglich die erste Spalte mit der Anzahl der Lehrerfrage wurde auf Grund fehlender Angaben nicht mehr angeführt und statt der Anzahl an Fragen wurde nun ein prozentualer Anteil aufgeführt.

Tabelle 5) Tatsächlicher zeitlicher Anteil von Fragen an der Gesamtinteraktion

Beobachtete Lehrpersonen	Ausgewertete Stunden (Klasse)	Anteil der Fragen pro Zeiteinheit	Autor (Jahr)	Bemerkungen
Studenten (Microteaching im Peerteaching, ca. 10 min)	17	9,06%	Klinzig (1975)	Prozentualer zeitl. Anteil an der mit dem FIAC-System kodierten Gesamtinteraktion
Lehramtsanwärter (Microteaching im Peerteaching, ca. 10 Min.)	58 (Haupt- und Realschule)	9,01%	Klinzig (1975)	
Lehrerstudenten (ca. 10 Min.)	19	8,26%	Klinzig (1975)	Kleingruppenunterricht; Aufgabenstellung: Unterrichtsziel-/Unterrichtsgegenstand -zentriert
Lehrerstudenten (ca. 10 Min.)	19	10,53%	Klinzig (1975)	Kleingruppendiskussion
Studienreferendare	20	5,9%	Klinzig/Baron (1975)	Unterrichtsgegenstand-/-zielorientiert

Bei Klinzig-Eurich/Klinzig finden sich noch weitere Ergebnisse, doch relativieren die schon hier verzeichneten Resultate das durch die Untersuchungen von Tausch/Tausch auf den ersten Blick erschreckend anmutende Bild der Häufigkeit von Lehrerfragen im Unterricht. Es gibt zwar eine große Anzahl von Fragen des Pädagogen an die Klasse, doch scheint der zeitliche Anteil an der Gesamtinteraktion in einer Unterrichtsstunde, gemessen mit dem FIAC oder modifizierten FIAC-System, nicht so exorbitant zu sein, wie die Ergebnisse bei Tausch/Tausch unter Umständen auf den ersten Blick vermuten lassen. Interessant wäre es nun im Anschluss an diese Ergebnisse auch Lehrer in ihrem Berufsalltag genauer zu beobachten, denn bisher wurden nur zukünftige Lehrkräfte in die Untersuchungen einbezogen.

Würde neben dieser Beobachtung über die Quantität der Lehrerfrage eine gleichzeitig durchzuführende Untersuchung zu der Häufigkeit von Schülerfragen absolviert, so ist von einer sehr geringen aktiven und fragenden Beteiligung der Schüler am Unterrichtsgeschehen auszugehen. Tausch/Tausch (1973, S. 210) fanden heraus, dass alle Schüler einer Klasse 2,2 Fragen (1,4 sachlich, 0,8 technisch) an den Lehrer stellten. „Bei durchschnittlich 30 Schülern je Klasse und 5 U.-Stunden täglich stellt somit ein Schüler durchschnittlich jeden dritten Tag eine Frage an den Lehrer, während der Lehrer innerhalb von 3 Schultagen über 800 Fragen an alle Schüler der Klasse richtet" (ebd., S. 210). Niegemann/Stadler (2001, S. 181) konnten 1,6 Fragen pro Schüler messen, wobei nach ihrer Kategorisierung 30% Konfirmationsfragen, 18% Verfahrensfragen und 15% Echofragen sind.[27]

3.7.2 Qualitative Erhebungen

Die zuvor angeführte Quantität der großen Anzahl an Lehrerfragen sagt noch nichts über die Qualität derselben aus. Hierfür ist ein kategoriales Modell zur Einordnung diverser, sich im kognitiven Bereich des Schülers unterschiedlich auswirkender Fragen notwendig.

Als Qualität kann uns zum einen die Stellung der Frage für den Adressatenkreis, also die Klasse respektive der einzelne Schüler, dienlich sein. So fand Tausch (1970, S. 208) heraus, dass 71% der Lehrerfragen an die ganze Klasse und 29% der Fragen an einzelne Schüler gerichtet wurden. Wieczerkowski (1965, S. 506) konnte ein Verhältnis von 58% zu 42% in einer Nachuntersuchung, angelehnt an

---

[27]   Konfirmationsfragen werden gestellt, um Missverständnisse und wahrgenommene Unsicherheiten des Fragenden zu reduzieren. Oft sind diese Äußerungen Paraphrasen oder wörtliche Wiedergaben von zuvor Gesagtem. Verfahrensfragen betreffen schulische bzw. schulorganisatorische Probleme, Echofragen sind Wiederholungen von Aussagen, die z.B. durch den Lautstärkepegel nicht richtig verstanden wurden.

Tauschs Erhebung von 1960, messen. Hage et al. (1985, vgl. S. 92) haben ein Sprechanteil von Lehrern gegenüber Schülern von 3:2 beziehungsweise 60,9% zu 39,1% herausgefunden, den überwiegenden Anteil an den Lehreräußerungen bieten „problemstrukturierende Äußerungen und Fragen", „Direktive Äußerungen" sowie „enge Fragen und Äußerungen".[28] Weiterhin wird in der Literatur Qualität verstärkt an dem quantitativen Auftreten von Fragen höherer und niederer Ordnung gemessen. So konstatieren Klinzig-Eurich/Klinzig (1982, S. 312) auf Grund der Zusammenfassung von Untersuchungen des letzten halben Jahrhunderts 26% (1.-6. Klasse) beziehungsweise 29% (höhere Klassen) Fragen höherer Ordnung, wohingegen bei den Phasen von Unterrichtsgesprächen ein Verhältnis von 44% zu 57% errechnet werden konnte. Während in den späteren Jahren die Forschung vermehrt im Hinblick auf die Fragestellung der Generierung längerer, komplexerer, auf höherer kognitiver Ebene anzusiedelnder Schülerbeiträge durch die Verwendung von Lehrerfragen höherer Ordnung konzentriert wurde, ist heute ein umfassenderer Blick zu erkennen, der den ganzen Lehr-Lern-Prozess zu erfassen versucht. So stellten Redfield und Rousseau (1981, S. 244) in ihrer Metaanalyse von vierzehn Untersuchungen bezüglich der von Lehrpersonen durch Fragen angesprochenen Niveaustufen und der damit einhergehenden Leistung von Schülern bei einem überwiegenden Gebrauch von kognitiv anspruchsvollen Fragen eine Zunahme der Schülerleistung im Hinblick auf das Niveau ihrer Antworten fest.[29] Auch Levin (2005, S. 40f.) konnte solch

---

[28] Insgesamt gibt es 11 Kategorien, die im entsprechenden Buch nachgelesen werden können (ebd., S.90). Allgemein konnten die Autoren eine Lehrerdominanz in allen untersuchten Fächern (Naturlehre, Gesellschaftslehre, Deutsch) und Schulstufen feststellen. Meist wurden Wissen und Fähigkeiten den Schülern durch das gelenkte Unterrichtsgespräch vermittelt.

[29] Die beiden Autorinnen verstehen unter höher kognitiven bzw. divergenten Fragen (angelehnt an Winne) solche, „as those requiring that the student mentally manipulate bits of information previously learned to create or support an answer with logically reasoned evidence." Im Gegensatz dazu sind für sie niedrige kognitive bzw. konvergente Fragen „defined as those calling for verbatim recall or recognition of factual information previously read or presented by a teacher" (ebd., S. 237).

In diesem Zusammenhang ist auf die Studie von Klinzig-Eurich/Klinzig (1982, vgl. S. 325) zu verweisen, in der die Autoren durch Vergleich verschiedener Explorationen aber auch aus den Ergebnissen der eigenen Studie eine hohe Kongruenz von Lehrerfragen und Schülerantworten feststellten (75-84%, bei Fragen niederer Ordnung 79-86%). Dies zeigt, dass Schüler ihre Antwort entsprechend dem Fragetypus des Lehrers angleichen, bei Fragen höherer Ordnung jedoch eine große Anzahl an inkongruenten Schülerantworten beobachtet werden konnte, wobei spezifische Trainingskurse diesen Effekt durch die Verbesserung des Lehrerausdrucks und der angemessenen Verwendung von Fragen höherer Ordnung vermindern konnten (ebd., vgl. S. 316f.). Bei der Untersuchung von Cotton (1988) resultierte kein Zusammenhang zwischen kognitiv höheren Fragen und kognitiv höhere Schülerantworten. Dieser Punkt der Kongruenz ist weiterhin sehr umstritten, da die Befundlage Schlüsse nach allen möglichen Richtungen zulassen.

einen Effekt beobachten, da „die Tiefe der Informationsverarbeitung [...] sowohl beim Fragenden als auch beim Antwortenden vom kognitiven Niveau der Frage abhängig" sei. Durch das jeweilige kognitive Niveau werde nämlich „die Verarbeitung der Informationen durch den Fragenden", der „Grad der Elaboration" als auch der „Aufmerksamkeitsfokus der antwortenden Person" beeinflusst. Lowyck (1976, vgl. S. 55) kommt zu dem Schluss, dass sich in den letzten fünfzig Jahren wenig am Frageverhalten der Pädagogen geändert habe, denn „wenn wir diese Untersuchungen zusammenfassen wollen, dann sieht es so aus, daß 60% der Fragen sich auf die Reproduktion von Fakten richten, 20% sollen die Schüler zum Denken anregen, und die übrigen 20% beziehen sich auf Verfahrensfragen" (ebenso Becker 1980, S. 100; Gall 1970, S. 713; ähnlich Becker 2007, S. 163) Diese Konklusion zeigt bemerkenswerte Übereinstimmung mit den Ergebnissen der Untersuchung von Bellack et. al (1974, vgl. S. 92), da sich hier 50-60% des Gesamtgesprächs auf empirische Bedeutungen (Feststellungen und Erklärungen) bezog, 10% auf Definieren und Interpretieren (analytische Bedeutungen) und 10% auf Meinen und Rechtfertigen (bewertende Bedeutungen). Diese Daten wurden durch 15 Stundenprotokolle im Fach Gemeinschaftskunde eruiert; 345 Schüler und 15 Lehrer an High-Schools im Zentrum und in den Außenbezirken von New York City nahmen daran teil.

Interessant ist auch die Feststellung der intraindividuellen Konstanz des Frageverhaltens von Lehrern, die Tausch/Tausch (1970, vgl. S. 208) in ihren Untersuchungen herausfilterten. So konnten sie, entgegen ihrer Annahme, in den ersten beiden von insgesamt vier Zeithälften einer Unterrichtsstunde bei zehn untersuchten Lehrpersonen eine konstante Fragehäufigkeit identifizieren und auch Wieczerkowski (1965) erkannte eine Konstanz in Art und Häufigkeit der Lehrerfragen der einzelnen Probanden (siehe Abbildung 5, S. 54). Nickel und Fenner jedoch können für ihre Untersuchung diese Ergebnisse nicht bestätigen und fügen als Erklärung eine mögliche Wechselwirkung zwischen Merkmal (Retest-Zuverlässigkeit) und Unterrichtsform an (1974, vgl. S. 186). Geringe sowie kurze Zeitstichproben und Ausblendung externer Bedingungen lassen eine Revision eines Teils der Ergebnisse von Tausch/Tausch (1970) und Wieczerkowski (1965) als notwendig erscheinen, wobei Nickel und Fenner bezüglich des Alters von Lehrern „durchaus eine personenabhängige Komponente" beobachtet haben, da ältere Pädagogen mehr Fragen stellen als jüngere Lehrer (vgl. ebd. S. 186).

Anhand der Daten kann auf eine durch die Person des Lehrers, seine persönlichen Einstellungen oder durch sein unterrichtsmethodisches Verhalten bedingte Häufigkeit von Lehrerfragen geschlossen werden (Tausch/Tausch 1973, vgl. S. 209; siehe auch Helmke 2007, S. 197) und weniger auf eine Bedingtheit durch äußere Faktoren. In diesem Zusammenhang fügen sich gleichwohl die erhobenen Daten der Sprachkommunikation ein, deren Ergebnisse ebenso eine intraindividuelle Konstanz erkennen lassen (siehe Abbildung 6, S. 54).

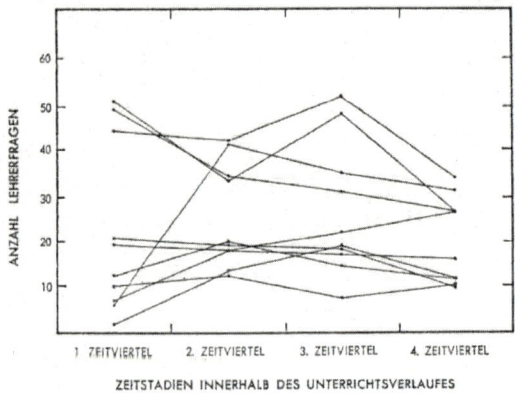

Abbildung 5) Intraindividuelle Konstanz der Häufigkeit von Lehrerfragen (aus: Tausch/Tausch 1973, S. 209)[30]

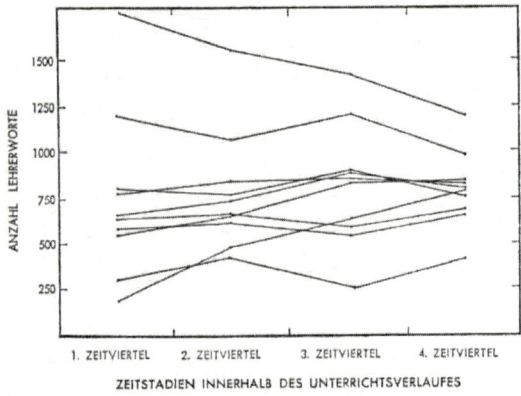

Abbildung 6) Intraindividuelle Konstanz der Sprachkommunikation von Lehrern (aus: Tausch/Tausch 1973, S.209)

---

30   Abbildung 5 und 6 haben als Datengrundlage jeweils zehn beobachtete Unterrichtsstunden, die von zehn unterschiedlichen Lehrern gehalten wurden. Trotz ähnlicher Unterrichtsbedingungen sind große interindividuelle Unterschiede bei einer erstaunlichen intraindividuellen Konstanz festzustellen.

Lehrer redeten 59% aller Wörter im Unterricht und im Verhältnis zu den Schülern etwa 40-50mal soviel (ebd., S. 212; siehe Tausch/Tausch 1998, S.337). Weber (1972, zitiert nach Tausch 1998, S. 344) sowie Diederich (1973, zitiert nach Tausch 1998, S. 344) kommen auf ähnliche Resultate: 50% zu 50% oder 60% Lehrerwörter zu 40% Schülerwörtern. Dieses durch Tausch/Tausch als „dirigierende-lenkende" Maßnahme bezeichnete Verhalten birgt neben einigen Vorteilen auch diverse Nachteile, die im weiteren Verlauf der Untersuchung angesprochen werden. In diesem Zusammenhang sollte noch angemerkt werden, dass zwischen der absoluten Zahl an gesprochenen Lehrerworten und der geschätzten Zahl von den jeweils betreffenden Pädagogen selbst eine deutliche Diskrepanz zu entdecken ist. So lag die geschätzte Zahl an Lehrerworten in der beobachteten Unterrichtsstunde in der Größenordnung von 260, tatsächlich waren es aber 3120 (Tausch/Tausch 1973, S. 214). Dieses trügerische Selbstbewusstsein bezüglich der konstant bleibenden Merkmale und der Kluft zwischen Selbsteinschätzung und objektiven Werten ist den lehrenden Personen meist nicht bewusst und Bedarf eines konkreten, darauf zielgerichteten Trainings (siehe Kapitel 4).

Nach den dargestellten Explorationen kann zwar bestätigt werden, dass die lehrende Person den weitaus größeren Sprechanteil in einer Unterrichtsstunde besitzt, doch über die Qualität der Lehrerfragen lässt sich nur wenig für zukünftiges Verhalten gewinnen. „Eine Entscheidung, welcher Typ von Fragen den größten Effekt für das Schülerverhalten besitzt, muß sowohl das Alter der Schüler, das Unterrichtsfach als auch die allgemeine Leistungsfähigkeit der Schüler berücksichtigen. Im Zusammenhang damit muß auch geklärt werden, welche Effekte denn überhaupt erzielt werden sollen. Geht es um eine Erhöhung des kognitiven Niveaus der verbalen Schülerinteraktionen, so wird im Allgemeinen ein höherer Anteil an divergenten und kognitiv anspruchsvolleren Lehrerfragen zu empfehlen sein. Ob dieses veränderte Interaktionsverhalten der Schüler auch zu besseren Leistungen (als Produktvariablen) führt, erscheint nach den bisherigen Untersuchungen eher fraglich" (Brunner 1978, S. 156).

Allgemein könnte man Interaktionsuntersuchungen als unnütz abtun, allerdings ermöglichen diese Aufdeckungen der „Verzerrungen in der kognitiven Steuerung" Vorschläge zur „Stimulierung vielseitiger intellektueller Aktivitäten" zu geben (Einsiedler 1978, S. 80). Erst durch die Herausarbeitung differenzierter Fragetypen wird der Unterricht interessanter zu gestalten und dem Lehr-Lern-Prozess für Lehrer und Schüler zuträglich sein. Mit der extensiven Nutzung von Wissensfragen geht bei befragten Lehrern die Anschauung mit einher, dass Fragen vorwiegend zur Überprüfung der Lernleistung (68%), zur Nutzung als Diagnose (54%) und zur Überprüfung des Erinnerns bestimmter Faktoren (47%) gesehen werden, lediglich 1% der Fragen in den Dienst der Ermittlung von Schülerinteressen gestellt werden (Wiater 1993, S. 237), womit eine Untersuchung und die daran anschließende Reflexion gerade für diese Lehrpersonen dringend nötig erscheint.

4 Trainingseinheiten für Lehrer zur Verbesserung des Interaktionsverhaltens

Anhand der bisherigen Ausführungen ist die Bedeutsamkeit der professionellen Fragekompetenz des Lehrers im unterrichtlichen Lehr-Lern-Prozess deutlich geworden. Die im Kapitel zuvor angesprochenen Untersuchungsergebnisse aber stehen nun dieser Einschätzung und den normativen Erwartungen konträr gegenüber, weshalb sie doch gerade dazu auffordern, Lehrerinnen und Lehrer und jene, die es werden wollen, mittels Weiterbildungsseminaren oder Trainingseinheiten für die Aufgabe zu sensibilisieren und weiterzubilden. Dieser Annahme liegt die Ansicht der Existenz pädagogisch unangebrachter Verhaltensweisen zu Grunde, die ein für das Unterrichtsziel und die kognitiven Prozesse, ja das soziale Leben des Schülers im Allgemeinen, effizienten Interaktionsmuster diametral entgegenstehen. Zum einen sollte auf Änderung der Lehrereinstellung gegenüber dem Schüler eingegangen und zum anderen auf daraus folgenden Verhaltensänderungen das Augenmerk gerichtet werden. Einsiedler (1978, S. 84f.) kommt bei seiner Rezeption der Literatur zu dem Ergebnis, dass „durch Trainingskurse [...] zumindest verschiedene Dimensionen von Interaktionsverhalten aufgezeigt und gewisse Einseitigkeiten zugunsten von mehr Flexibilität und Komplexkapazität [...] vermieden werden [können, M.L.]." Dabei kommt es für Becker (1995, S. 100) nicht darauf an, „daß angehende Lehrer zufällig in einer Lehrprobe professionell fragen, sondern daß sie Lehrerfragen geistig durchdringen, ihre Funktion erkennen und ihnen bewußt wird, was ein Lehrer, der eine Frage in den Lehr-Lern-Prozess einbringt, richtig und falsch machen kann." Die „Etablierung von Bewußtseinsinhalten" und die Ausbildung des „Problemhorizontes" (ebd., S. 101) sind jene signifikanten Merkmale, die – sind sie erstmal erkannt – es dem Pädagogen als professionelle Kompetenz während des ganzen Arbeitslebens in der Schule ermöglichen, diese Fragekompetenz fach- und konzeptionsunabhängig in den alltäglichen Schulprozess einzubringen.

Als mögliche Trainingskonzepte soll an dieser Stelle auf die von Becker genannte und auf Zifreund basierende Methode des „Situativen Lehrtrainings" verwiesen werden. Hierbei werden Handlungskompetenzen durch einen Lehrversuch von fünfzehn minütiger Dauer vor einer Kleingruppe (Kursteilnehmer oder Schüler) absolviert. Ein Auswertungsgespräch schließt sich an diese „Echtzeitsimulation" an und soll den Lernprozess, die Lernergebnisse und multiple Perspektiven aufeinander beziehen (Fölling-Albers/Hartinger/Mörtl-Hafizović 2004, vgl. S. 728), so dass eine Anwendung auch auf andere Kontexte übertragen werden kann. Das Besondere an diesem Verfahren ist die Einbettung der von der Gruppe gewünschten Trainingsziele in einen situativen Kontext (Becker 1995, vgl. S. 112ff.; Fölling-Albers/Hartinger/Mörtl-Hafizović 2004, vgl. S. 727). Diesem Lernverständnis, welches auf Seiten der Schüler vermutet wird, liegt eine konstruktivistische Sichtweise zu Grunde, die einen Lernprozess durch Faktoren wie Material, Personen und sozialem Umfeld determiniert sieht. In diesem besonderen Fall wird also auf die Fertigkeit des Fragestellens beziehungsweise der Lenkung des Unterrichts rekurriert.

Eine weitere Methode wird unter dem „Microteaching" angeführt, bei der durch Reduktion auf eine Gruppe von zum Beispiel fünf bis sechs Schülern und zehn bis dreißigminütiger Aufnahme mit direktem Feedback eine komplexe Situation des Unterrichts simuliert wird. Allen und Ryan (1972, vgl. S. 18) legen dieser Simulation fünf Behauptungen zu Grunde: (1) Microteaching ist wirkliches Unterrichten, (2) es gibt im Hinblick auf eine kleinere Gruppe, geringeres Stoffgebiet und begrenzter Zeit weniger Schwierigkeiten als im Klassenzimmer, (3) es stellt eine Übung zur Bewältigung bestimmter Aufgaben dar, (4) es ermöglicht vermehrte Kontrolle der Praxis von Lehrern und abschließend (5) gibt es ein größeres Ausmaß von Erfolgskontrollen oder Rückmeldung. Die erstmals in einem Microteachinglabor im Jahr 1963 an der Stanford University als Übung für Lehrer konzipierte Methode wurde später für die Weiterbildung im Schuldienst übernommen und ist dazu gedacht, „Lehrern eine zuverlässige Einrichtung für den Erwerb von Techniken und Fertigkeiten ihres Berufes zu bieten" (ebd. S. 20). Der Ablauf von Unterrichten, Beurteilen und wiederholtes Unterrichten ist ein grundlegendes Element dieser Methode (ähnlich Olivero/Brunner 1973, vgl. S. 11). Im Gegensatz zum situativen Lehrtraining liegt beim Microteaching der Schwerpunkt auf der Diskussion über typische Unterrichtssituationen aus dem Alltag und mögliche pädagogische Verhaltensweisen.

Zur Optimierung des Frageverhaltens von Lehrern konzentrieren sich Trainingseinheiten auf die inhaltliche Verbesserung der Fragestellung, da eine erhebliche Reduktion der Anzahl der gestellten Fragen dem Schüler im Unterricht kaum mehr Zeit zur Beantwortung, zur Formulierung und Darlegung seines Gedankenganges einräumen würde. Hierfür müssten die vom Lehrer gestellten Fragen schon um mindestens ein Drittel reduziert werden, da – wie oben bereits angeführt – die durchschnittliche Fragefrequenz des Lehrkörpers bei ca. 37 Sekunden liegt. Die Reduktion um ein Drittel hieße in der Konsequenz eine Verlängerung der Fragefrequenz auf 55 Sekunden, dem Schüler ist mit dieser Reduktion dann potentiell eine frei zur Verfügung stehende Zeit von knapp 18 Sekunden gegeben, in denen der Lehrer passiv abwarten sollte. Es wäre allerdings von einer sprachlichen Intervention seitens des Lehrers auszugehen, da dieser solch eine lange Schweigezeit nur schwer auszuhalten vermag (siehe Kapitel 3.5). Daher ist eine Verbesserung der Qualität von Lehrerfragen ein geeigneteres Mittel, um Qualität sowie Quantität von Schülerbeiträgen zu erhöhen. Mit kognitiv anspruchsvolleren, einen offenen Denkprozess initiierenden Fragen erreicht der Lehrer eine breite Beteiligung der Schüler und damit eine Vielzahl an möglichen Antworten, die er im weiteren Verlauf des Unterrichtsgesprächs beziehungsweise –fortgangs integrieren kann und so eine direkte Beteiligung der Schüler am Unterrichtsprozess ermöglicht, die sich nicht nur auf bloße Beteiligung im Sinne der Beantwortung von Wissensfragen beschränkt.

Zum Abschluss dieses Kapitels bleibt die Frage nach der Effizienz dieser Trainingsmethoden. Borg (1972, vgl. S. 572ff.) hat in seiner Untersuchung 24 Lehrer anhand von 10 Verhaltensindikatoren[31] vor dem Microteaching-Kurs, kurz danach, vier Monate später und 39 Monate später auf diese Verhaltensweisen beobachtet. In allen Verhaltensweisen hatten sich die Teilnehmer gegenüber ihren Ausgangswerten vor dem Kurs verbessert. Der Vergleich vor dem Test mit den Messungen vier Monaten nach dem Kurs brachte eine Verbesserung in neun Verhaltensindikatoren, nach 39 Monaten in 8. Für unser Arbeitsthema besonders interessant sind die Veränderungen im Hinblick auf den Gebrauch von „höheren Fragen". Hier konnte Borg eine deutliche Verbesserung der Nutzung dieses Fragetyps von 38% auf 50% aller gestellten Fragen feststellen, deren Anzahl auch bei den weiteren Nachuntersuchungen nicht abnahm (ebd. vgl. S. 573).

Klinzig (2002) weist auf die Widersprüchlichkeit vieler Forschungsberichte hin, die auf Grund der verschiedenen Definitionen dessen, was als Grundelemente in der Methode des Microteachings vorhanden sein sollte, bestehen. Vermittlung von theoretischem Hintergrundwissen (1), Methoden zur kognitiven Aneignung spezifischen Verhaltens (2) und praktische Übungen in experimentellen Settings (3) sowie Feedback (4) sind für ihn die basalen Elemente dieses Trainingsverfahrens (vgl. S. 196). Zu dem Problem der einheitlichen Definition tritt die subjektive und oft willkürliche Auswahl von Untersuchungsergebnissen innerhalb der jeweiligen Forschungsberichte. Klinzig (2002, vgl. S. 208) untersuchte 225 Forschungsberichte und konnte bezüglich der „Aneignung von sozial- und unterrichtlicher Kompetenzen" sowie „Transferleistungen und Langzeitwirkungen" konstante positive Effekte feststellen und empfiehlt daher eine Beibehaltung der Verwendung des Microteaching-Verfahrens, da positive Resultate in der Aus- und Weiterbildung von Personal interaktionsintensiver Berufe zu erwarten sind.

---

[31] Diese Verhaltensindikatoren waren: Redirection of questions, Prompting, Clarification, Repeating own questions, Repeating pupil answers, Answering own questions, Length of pupil response, One-word pupil response, Higher order questions, Teacher talk.

5 Zwischenfazit: Hält der fragend-entwickelnde Unterricht das, was er verspricht?

Bevor in diesem Kapitel ein Zwischenfazit über das bisher Gesagte vollzogen werden soll, sei darauf hingewiesen, dass der fragend-entwickelnde Unterricht aus seiner Konzeption heraus sehr wohl das Ziel erreichen kann, für das er steht: die Schüler am Unterrichtsprozess und an der Entwicklung des Lernzieles zu beteiligen, Probleme gemeinsam durch Zusammenarbeit in der Klasse zu lösen und fortschreitend zu entdecken. Dessen ungeachtet bedarf diese Konzeption zu ihrer Anwendung einer Person, durch die der eben genannte Anspruch in diversen Variationen seine Ausprägung findet und folglich die fragend-entwickelnde Lehrmethode meist dann einem Unterricht als Etikette angeheftet wird, dessen Inhalt mit dem durch dieses Theoriekonstrukt eigentlichen ausgewiesenen Ziel wenig bis gar nichts mehr gemein hat. Ein deutlicheres Verständnis für die Unterscheidung von fragend-lenkendem Verfahren und fragend-entwickelnden Unterricht soll folgende Gegenüberstellung (Tabelle 6) liefern.

Tabelle 6) Vergleich zwischen fragend-gelenktem Verfahren und entwickelnden Unterrichtsgespräch (nach: Bovet/Huwendiek 2006, S. 87)[32]

Formen Aspekte	Fragend-gelenktes Verfahren	Entwickelndes Unterrichtsgespräch
Ziele	Fachwissen	Fachliche und methodische Kompetenzen
Lehrperson	Immer „vorne" Instrukteur/in	„vorne" und „mittendrin" Gesprächsleiter/in
Steuerung/ Interaktion	hoch/ lehrergesteuert, wenig Schüler-Schüler-Bezug	Lehrergesteuert und schülerorientiert
Gesprächsführung und Fragetechnik	Sehr viele enge und kleinschrittige Fragen, große Vermittlungshilfen, direktes Feedback	Eher wenige Leitfragen, weite(re) Fragen, Impulse, minimale Vermittlungshilfen, bündelndes Feedback

---

[32] Fragend-gelenktes Verfahren kann hier auch als fragend-entwickelndes Lehrverfahren verstanden werden. Analog dazu würde entwickelndes Verfahren auch als genetisch-sokratische Lehrform beschrieben werden. Diese Anmerkung soll nur darauf aufmerksam machen, dass diese beiden Lehrformen je nach Autor unterschiedlich bezeichnet werden können. Ihnen gemein ist allerdings dass Kriterium der Lenkung durch den Lehrer und die damit einhergehende Unterscheidung.

Formen / Aspekte	Fragend-gelenktes Verfahren	Entwickelndes Unterrichtsgespräch
Sitzordnung	Frontal	Hufeisen, frontal
Leistungen und Chancen	Klar strukturierter Wissensaufbau, implizite Wiederholung, zusätzliche Funktionen (z.B. „Einklinken")	Transparentes, gemeinsames Durcharbeiten und Problemlösen, angeleitetes Entdecken-lassen
Probleme und Gefahren	Gängelung, Ratespiel, kein methodisches Lernen	Unklare Strukturierung, Gesprächsführung
Alternativen	Lehrvortrag, Entwickelndes Unterrichtsgespräch	Teilphase in Form innerer Differenzierung
Voraussetzung der Lernenden	Wenige/mittlere Vorkenntnisse, Erfahrungen	Wenige/mittlere Vorkenntnisse, Erfahrungen, Kooperationsbereitschaft
Hintergrund	Katechetik	Mäeutik
Visualisierung L Lehrer/in ◯ Schüler/in ◆ Symbolischer „Ort" des Themas, der Sache ↗ Frage ↗ Antwort ↗ Feedback		

Diese Vergleichstabelle gibt die wesentlichen Unterschiede zwischen den beiden sich ähnelnden Unterrichtsformen wieder. Zur Aneignung von Fachwissen ist das fragend-gelenkte Verfahren am besten geeignet. Meyer (1987b, S. 283) spricht hier von dem „»Schmieröl« für den Unterrichtsprozess." Dies erklärt auch das hohe Aufkommen von dieser „direkten Instruktion" (Gruehn 2000, S. 42ff.) im alltäglichen Unterricht, da nach den Aussagen der Lehrer ein stetiger Spagat zwischen mangelnder Zeit und vollem Lehrplan contra schülerorientiertem Unterricht zu absolvieren ist. Wie es aus den Ansichten der Lehrpersonen zu ersehen ist, so stellte auch Gruehn „die höchsten Durchschnittsleistungen und Lernzuwächse mit geringen Leistungsdivergenzen" in Klassen, „in denen Lehrer überdurchschnittlich viele Merkmale der direkten Instruktion realisieren" fest (ebd. S. 45). Diese Lehrform birgt gleichzeitig eine starke Zentrierung auf den Lehrer in sich, der als Mittelpunkt (siehe Raute in der Abbildung in Tabelle 6) im

Klassengeschehen anzusehen ist und der Ort des Themas liegt hinter ihm im Verborgenen. Wie in Kapitel 3.6 angesprochen und mit dem Vergleich zwischen Fragen und Anstoß zu erklären versucht wurde, hat die lehrende Person bei einem fragegängelnden Unterricht den Unterrichtsgang bereits zuvor geplant und wird diesen auch durch stetiges Fragestellen an den Schülern zu verwirklichen suchen, da divergente Fragen hier nicht auftauchen werden. Hierdurch wird kein Unterrichtsgespräch unter den Schülern stattfinden können und der Beobachter findet durch bewertende „wahr/falsch" Kategorien seitens des Lehrers stets ein direktes Feedback zu den von den Lernenden gegebenen Äußerungen vor. Obwohl auch in dieser Gesprächsform die Selbstständigkeit der Schüler beim Herausfinden der wesentlichen Aspekte des Themas im Vordergrund stehen sollte, werden Lehrer „thematische Abweichungen und ausufernde Schülerdiskussionen angemessen begrenzen" und die wichtigsten Aspekte des Themas zusammenfassen lassen (Wiater 1993, S. 238). Dieses didaktische Geschick der Angemessenheit scheint aber bei Lehrern nur unzureichend ausgebildet zu sein. In diesem Zusammenhang ist auch die Sitzordnung interessant, wird sie doch in der Tabelle 6 frontal beziehungsweise als Hufeisen skizziert. Wieczerkowski (1965, vgl. S. 517) konnte die Tendenz einer stärkeren Lenkung durch den Lehrer bei einer Sitzordnung der Schüler hintereinander in Reihen feststellen, allerdings gilt es diese Beobachtung detaillierter zu untersuchen und zu verifizieren (ähnlich Sembill/Gut-Sembill 2004). Sembill/Gut-Sembill (ebd. vgl. S. 327) weisen auf den Zusammenhang zwischen unterschiedlichen Unterrichts-phasen und der jeweils vorherrschenden Arbeitsform hin, die die Lehrer- und Schüleraktivität und damit die Lehrer- und Schülerfragen quantitativ beeinflussen (ähnlich Nickel/Fenner 1974, vgl. S. 187). „Dass die Lehrperson in der lehrerzentrierten Unterrichtseinheit, aber auch in der frontalen Ergebnissicherungsphase mehr Fragen beantwortet, als Schüler Fragen stellen, wirft abermals ein spezifisches Schlaglicht auf ein Missverhältnis von Lehrrhetorik und aktivierender Lernnotwendigkeit" (Sembill/Gut-Sembill 2004, S. 327). Damit auch die Lehrperson selbst zu einer Reduktion ihrer Fragefrequenz und gleichzeitig zu einer qualitativen besseren Fragetechnik veranlasst wird, könnte ihr eine Umstrukturierung der Sitzordnung – insofern es die räumlichen Möglichkeiten zulassen – dabei unterstützend wirken.

Der auch heute noch oft anzutreffende klar strukturierte Wissensaufbau findet seinen Platz also primär in dem fragend-gelenkten Unterricht und eben nicht, wie so oft angeführt, in dem entwickelnden Unterrichtsprozess (vgl. hierzu Bittner 2006, S. 98f.; Meyer 1987b, vgl. S. 288). Hier nämlich versucht die Lehrperson gemeinsam mit den Lernenden einen Gegenstand in seiner Funktion zu erfassen und die durch seine Erscheinung aufwerfenden Fragen zu klären.[33] Freilich kann

---

[33] Aebli (1993, vgl. S. 296) hat das Problemlösen, bzw. die fragend-entwickelnde Unterrichtsmethode als „eine Grundform des Lernens" bezeichnet, wobei das „Entwickeln" schon im vorhinein eine im Problem angelegte Lösung suggeriert, die es nur „auszuwi-

dies auch aus Zeitgründen oft nicht ohne eine gewisse Lenkung des Lehrers geschehen, der sich allerdings der Impulse (siehe Kapitel 3.6) bedient und den Schülern durch geschickt gestellte, offene, divergente Fragen ein breites Denkfeld eröffnet. Dabei ist die Gesprächsstrukturierungskompetenz des Lehrkörpers besonders gefragt und nicht umsonst fügt Einsiedler an, dass schülerorientierter Unterricht mehr Kompetenz vom Lehrenden erfordert, da dieser nicht alleine Richtung, Inhalt und Qualität bestimmt (1978, vgl. S. 213). Aebli (1993, vgl. S. 300ff.) gibt als praktische Regeln zur Durchführung eines Gesprächs mit der Klasse verschiedene Tipps, die von (1) wohlüberlegter und in den Gesichtern der Lernenden abzulesende Aufrufung trotz Nichtmeldung über (2) Aufrufung primär kognitiv schwächeren Schülern bis zu besseren, (3) ausreichender Wartezeit und (4) Verhinderung einer sofortigen Stellungnahme zu einem Schülerbeitrag reichen. Damit werden weder Schülerbeiträge, auch wenn sie nur geringfügig zielführend sein mögen, verhindert, noch das Ziel des Problems frühzeitig und mit mangelnder Beteiligung von schwachen Schülern und damit eintretender Tradierung des vom Unterrichtsprozess zurückgezogenen Verhaltens forciert. Der Lehrer sucht das Gute aus den Antworten heraus, Falsches wird mit den Schülern richtiggestellt, Lückenhaftes durch Schulung des gegenseitigen Bezugs auf Kameradenäußerungen und Verfolgung aufgeworfener Gedanken zu schließen versucht. Dieses „Puzzel-Spiel" (ebd. S. 302) scheint *die* hohe Hürde für Lehrer darzustellen. Dass hierbei die Fäden reißen können und das Gespräch nicht auf das vom Lehrer anvisierte Unterrichtsziel, das er den Schülern vorher klar nennen sollte[34], hinauslaufen kann, ist eine Gefahr, die jedoch bestimmt nicht durch die Vermeidung dieser Lehrform überwunden werden kann. Die oben angeführten Untersuchungsergebnisse bezüglich der Fragefrequenz und der großen Anzahl an gestellten Lehrerfragen lässt allerdings auf diese Lehrformvermeidung deuten.[35] Das Ratespiel von Schülern im Hinblick auf die vom Lehrer

---

ckeln" gelte. In diesem Unterricht stellt der Lehrer oder Schüler nacheinander Fragen, mit deren Beantwortung sich im Laufe die Problemlösung immer konkreter abzeichne, „bis sie, voll entwickelt, dem Denken und Handeln des Schülers einverleibt ist."

[34] Es gibt auch Unterrichtsstunden, deren Effekt in der am Ende hoffentlich per Überraschung für die Schüler zu sehende Erkenntnis über ein Sachverhalt bzw. Gegenstand liegen kann. Hier wäre eine Nennung des Unterrichtsziels zu Beginn der Stunde sicherlich nicht angebracht, doch wird diese Form nicht oft von Nöten sein. Durch die Transparenz des Ziels der Stunde kann sich die Klasse auf die kommenden 45 Minuten einstellen und weiß, in welche Richtung der Lernprozess laufen soll und hat so die Möglichkeit, Unterrichtsabschnitte und –prozesse in diesem Zusammenhang einzuordnen und nicht die ganze Stunde planlos am Unterrichtsgeschehen teilzunehmen.

[35] Es könnte auch das Argument angeführt werden, dass nur durch kleinschrittige Fragen eine Teilnahme aller Schüler, Starken wie kognitiv Schwachen, am Unterricht gewährleistet ist. Dies wäre jedoch nur dann der Fall, wenn die Lehrperson ausreichend Feedback von allen Schülern einholt, da sich nie alle Schüler am Unterricht beteiligen können (Dahms 1985, S. 9). Abgesehen von den wenigen Fragen, die Schüler stellen, würde sich bei einer Fragestellung seitens des Schülers gleichzeitig ein Outen von Nichtwissen ein-

gesuchte Antwort auf seine soeben genannte Frage und die stetige Gängelung der Schüler durch diesen Unterricht sind gegenüber dem freieren entwickelnden Prinzip einfacher zu handhaben. Gleichzeitig werden die Schüler, an die keine Anforderungen zur Teilnahme am Unterricht außer Zuhören gestellt werden, in eine passive, dem Lehrer untergeordnete Rolle gedrängt. Im entwickelnden Unterricht hingegen bedarf es zur angemessenen Gesprächskultur einer ausreichenden Kooperationsbereitschaft mit den Mitschülern sowie dem Lehrer. Der Pädagoge ist hier vielmehr „Gesprächsteilnehmer" und nicht „wissender Gesprächsführer" (Wiater 1993, S. 238), das Gespräch orientiert sich nicht an vom Lehrer vorherbestimmten Aspekten, sondern wird innerhalb der Schülerinteressen an einem Thema geführt.

Dem Entwicklungsprozess gegenüber sehr kritisch eingestellt bezeichnen Grell/Grell dieses Erarbeitungsmuster als „ein besonders vermehrungsfreudiges Unkraut, denn es vermag in nahezu jeder Unterrichtsstunde zu gedeihen, und bei manchen Lehrern überwuchert es den gesamten Unterricht" (Grell/Grell 2007, S. 56). Allerdings leistet dieses Universalmuster nicht das, was es zu leisten vorgibt. Es wird zu unreflektiert, zu ungezielt und viel zu oft verwendet, zumal Kriterien zum sinnvollen Einsatz dieses Erarbeitungsmusters fehlen (ebd. vgl. S. 57). Nach beiden Autoren kann dieses Verfahren nur sehr selten eingesetzt werden und vor allem nur bei einem ausreichenden Wissensstand auf Seiten der Schüler, der dann durch „abklopfen, prüfen, befragen oder bewerten" von allen Seiten betrachtet wird (ebd. S. 59). Schüler Informationen, die sie nicht haben, mühsam suchen zu lassen, ist unter anderem eine wesentliche Ursache für die hohe Fragedichte von Lehrern innerhalb einer Schulstunde. Gleichzeitig wird davon ausgegangen, dass bei der Antwortlieferung eines Schülers alle anderen Schüler der Klasse diese verstanden und der gleiche kognitive Prozess abgelaufen ist. Die starke Nutzung von „Kaugummifragen" sehen Grell/Grell in dem Dilemma zwischen Moralforderung, möglichst offene Fragen zu verwenden, und den durch den Lehrplan vorgegebenen, nicht zum Denken anregenden Themen begründet (ebd. vgl. S. 88). Schüler beginnen dann mit einer Entwirrung des ablaufenden Unterrichtsprozesses und eine Interaktion kann so nur schwer in Fahrt kommen, da für diese Entwirrung kein Platz zwischen „dem Folgen der vom Lehrer gestellten Fragen" und „der Einordnung dieser in den noch nicht bekannten Zusammenhang" gelassen wird (ähnlich siehe Bittner 2006, vgl. S. 99f.). Die einzige Person, die eventuell überhaupt entwickelnd tätig ist, sieht Dahms in der Lehrperson (1985, S. 9). Der Autor stellt in seiner Arbeit die Frage, ob der Lernende im fragend-entwickelnden Lehrverfahren überhaupt aufdeckt und stellt an den Nutzer dieser Lernmethode die Forderung, zu „sagen, *wer* entwickelt, [...] [zu, M.L.] erklären, *was* entwickelt wird, [...] [zu, M.L.] zeigen, *wie*

stellen, worauf der Lehrer aus Schülersicht nicht erfreut reagieren wird, da solche Fragen Störungen in seinem Unterrichtsfortlauf bedeuten (siehe zu einem kritischen Blick über diesen Sachverhalt näher bei Holzkamp 1993; ähnlich Graesser/Person 1994, S. 105f.)

dabei entwickelt wird" (ebd. S. 3). Die Rechtfertigung für den Gebrauch dieser Methode sieht Dahms im Reproduzieren von schon Gelerntem mit erhofften neuen Verknüpfungen und damit neuem kognitiven Sachverhalt am Ende der Fragekette. Dabei werde die Einbindung und das Potential von fachlich noch nicht zufriedenstellenden Antworten leider zu oft verkannt, da eine besondere Kompetenz für den Lehrer eben auch darin bestünde, diese vermeintlich „falschen Antworten" als Abtasten und Suchen oder als Wegabschnitte zur Entstehung der richtigen Hypothese zu deuten (ebd. vgl. S. 70). Mit dieser Feststellung befindet sich Dahms in einer ähnlichen Kritikposition wie Peterßen, der in dem fragend-entwickelnden Unterricht eine „methodische Mogelpackung" zu erkennen glaubt, innerhalb derer nur der Lehrer Erfolge verzeichnen könne, denn die Schüler würden dem Lehrer nur das sagen, was er sich vorher gedacht habe, was sie sagen sollen (2001, vgl. S. 104). Lehrer sollten sich seiner Meinung nach darüber im Klaren sein, dass diese Methode bloß den „sprachlich-begrifflichen Umgang" mit Informationen fördere, neue Kenntnisse aber so nicht erworben würden.

6 Fallbeispiel - Eine Stunde im Politik- und Wirtschaftunterricht

Der folgenden Analyse liegt eine Schulstunde (Gemeinschaftskunde) von 45-minütiger Dauer über die Einführung in das Thema der sozialen Marktwirtschaft zu Grunde, die im Rahmen des Modellprojektes „Demokratie lernen und leben" aufgenommen wurde. In einer zehnten Klasse sollte diese Stunde einen Zugang zu dem dritten Modell von Wirtschaftssystemen (Zentralverwaltungswirtschaft, Freie Marktwirtschaft und Soziale Marktwirtschaft) schaffen. Alle Daten, die in der folgenden Darstellung angeführt werden, insofern sie nicht gesondert mit einem Quellenverweis versehen sind, stammen aus den im Anschluss an die Stunde geführten Interviews mit der betreffenden Lehrperson und fünf ausgewählten Schülern zwischen fünfzehn und achtzehn Jahren. Die Stunde wurde mit einer Videokamera und via im Klassenraum verteilter Mikrophone aufgezeichnet. Diese audiovisuelle Aufnahme wurde vom Autor betrachtet, ein Wortprotokoll erstellt und verschiedene Untersuchungen der Interaktionen und des Stundenverlaufes vorgenommen. Dabei sollen die bisher in dieser Arbeit dargelegten theoretischen Basisinformationen um Werte aus dieser Stundenbeobachtung ergänzt werden. Im weiteren Verlauf wird mit einer Unterrichtsplanung begonnen, die für den geneigten, aber um die visuelle Erfahrung gebrachten Leser, die Konzeption der Unterrichtsstunde aufzeigen soll und somit eine wenn auch nur rudimentäre Vorstellung des Stundeninhaltes zu vermitteln vermag. Anschließend erfolgen verschiedene Untersuchungen, die sich an den Themen des ersten Teils dieser Arbeit orientieren. Eine Bewertung des praktischen Teils bildet den Abschluss des Gesamtkapitels.

6.1 Allgemeine Beschreibung der Stunde, der Lerngruppe und des ersten Eindrucks

In diesem Abschnitt sollen grundlegende Bemerkungen zu dem vorhandenen Material erfolgen. So wird die Konzeption der Stunde herausgearbeitet und die ersten Eindrücke des Beobachters dargelegt. Zur Verbesserung des möglichst realitätsnahen Nachvollzugs der Stunde sollen die Abbildung des Raumplans und die Darlegung der Klassenzusammensetzung dienen. Abschließend erfolgen einige Bemerkungen zum weiteren Vorgehen und zur Vorgehensweise bei der Beobachtung.

6.1.1 Konzeption der Stunde

Diese dreiviertelstündige Gemeinschaftskundestunde steht im Dienste der Einführung in das Thema der Sozialen Marktwirtschaft. Eine Unterrichtseinheit über allgemeines Wirtschaften und Marktwirtschaft sowie Zentralverwaltungswirtschaft am Beispiel der DDR ging dieser Aufnahme voraus. Da die Klasse nur eine Stunde Gemeinschaftskunde in der Woche besuchen muss[36], hat die betreffende Lehrperson bisher nur sieben oder acht Stunden gehalten, wobei sie diese Stunde im Jahr zuvor schon einmal so ähnlich konzipierte. Abgesehen von dieser Tatsache hatte die betreffende Lehrperson die Klasse erst zum Schuljahreswechsel übernommen und absolvierte zur Zeit der Aufnahme ein berufsbegleitendes Studium, um das Fach „Politik und Wirtschaft" regulär unterrichten zu können. Tabelle 7 zeigt die Verlaufsstruktur der beobachteten Stunde.

Tabelle 7) Tabellarische Übersicht über den Verlauf der beobachteten Unterrichtsstunde

zeitl. Rah-men	Phase	Geplantes Lehrerver-halten	Geplantes Schülerverhalten	Unterrichts-form	Medium
ca. 4 Min.	Einleitung	Begrüßung und Klä-rung der Stundenbeo-bachtung, organisatori-sche Angelegenheiten	Hören zu	Frontalunter-richt	
ca. 1 Min.	Motivations-phase	Zeigt Karikatur, fordert zum Beobachten auf und leitet in Beschrei-bung über	Beobachten Karikatur	Erarbeitender Unterricht (Lehrer-Schüler-Gespräch (L-S-G), impulsge-bend	Folie, Overhead-Projektor
ca. 5 Min.	Erarbeitung (I)	Fordert zum Be-schreiben auf; fordert zum Interpretieren auf und leitet „Gespräch"	Beschreiben Karikatur und legen Interpretati-onsgedanken dar	Frontalunter-richt, L-S-G	Folie, Overhead-Projektor

---

[36] Die Wochenstundenreduzierung resultiert aus Umstrukturierungen innerhalb der Schule und bringt der neunten und zehnten Klasse daher anstatt zwei nur eine Stunde Gemein-schaftskundeunterricht in der Woche, wobei in diesen durchschnittlichen vierzehn bis fünfzehn (!) Stunden pro Schulhalbjahr noch zusätzlich drei Leistungsnachweise erbracht werden müssen.

zeitl. Rahmen	Phase	Geplantes Lehrerverhalten	Geplantes Schülerverhalten	Unterrichtsform	Medium
ca. 16 Min.	Erarbeitungs (II)- und Sicherungsphase (I)	Teilt Text aus und erklärt Aufgabenstellung, betreut Gruppen (finden sich selbst); trägt herausgefundene Lösungen der SuS zusammen	Bearbeiten Arbeitsblatt unter vorgegebenem Arbeits-auftrag; nennen Lehrer gefundene Informationen bzgl. der Daten, woran das Wirtschaftswunder im Vergleich zu früheren Jahren zu erkennen ist	Gruppenarbeit, L-S-G	Arbeitsblatt, Tafel
ca. 14 Min.	Erarbeitungs (III)- und Sicherungsphase (II)	Fordert Schüler zur Bearbeitung des Textes auf dem AB auf; sammelt Lösungen an der Tafel	Lesen Text des Arbeitsblattes und suchen Ursachen für das Wirtschafts-wunder; nennen diese dem Lehrer	Einzelarbeit; Frontalunterricht (L-S-G)	Arbeitsblatt, Tafel
ca. 4 Min.		Darstellung der „Väter des Wirtschaftswunders"	Betrachten Folie	Frontalunterricht (Lehrervortrag)	Folie, Overhead-Projektor

Wie aus Tabelle 7 ersichtlich wird, können verschiedene Phasen im Unterrichtsverlauf beobachtet werden. Zu Beginn werden organisatorische Angelegenheiten wie die Besonderheit der aktuellen Stunde, den Interviews nach der Gemeinschaftskundestunde und weitere Details geklärt. Um die Schüler „neugierig zu machen" nutzt der Pädagoge eine mit folgender Karikatur (Überschrift: Ludwig Erhard - eine Karikatur aus den fünfziger Jahren) bedruckte Folie, die er mittels des Overhead-Projektors an die Wand projiziert (s. Abbildung 7, S. 70).

Über diesen impulsgebenden Einstieg hofft der Lehrer das Interesse und die Motivation der Schüler für die kommende Unterrichtsstunde zu erwecken. Der Widerspruch zwischen dem durch Erhard symbolisierten Wohlstand (dicker Bauch, Zigarre) und der am unteren Bildrand zu erkennenden Ruinen als Rückstände des verlorenen Krieges sollen den Betrachter zum Nachdenken und Reflektieren anregen. Über diesen in der Karikatur versteckten Widerspruch versucht der Lehrer gleichzeitig die Arbeitsschritte zur Entschlüsselung von Karikaturen in den Schülern zu reaktivieren und auf die Trennung der Ebenen von Beschreibung und Interpretation aufmerksam zu machen. Als Letztere nur schwerlich beginnt und fortgeführt wird, sollen Fragen von den Lernenden, welche sie an die Karikatur haben, als Schlüssel zur Lösung und zum Fortgang des Unterrichts fungieren. Da jedoch grundlegende Geschichtskenntnisse auf Grund der bisher noch nicht erfolgten Behandlung dieses Stoffgebietes im Geschichtsunterricht fehlen, können die Schüler nur schwer die Interpretation der Karikatur fortsetzen.[37]

Abbildung 7) Karikatur über Ludwig Erhard[38]

Die anschließende Gruppenarbeit (Gruppen finden sich selbstständig) mit dem begleitenden Arbeitsauftrag und anhand den in einer Statistik aufgeführten Daten als Vergleich zwischen den fünfziger und sechziger Jahren, sollen die Schüler auf den Begriff des „Wirtschaftswunders" und auf den steigenden Wohlstand, der Züge eines Märchens in sich birgt, geleitet werden. Hierzu hat der Lehrende bereits vor der Sammlung der Ergebnisse ein Tafelbild erstellt, auf dem die zu beobachtenden Kategorien (Bruttosozialprodukt, Privater Verbrauch, Nettoeinkommen, Zahl der Erwerbstätigen, Arbeitslosenquote, Arbeitszeit, Urlaubstage) notiert sind, so dass die Schüler ihre Beobachtung nur ergänzen müssen und eine Sicherung der Gruppenergebnisse vollzogen wird. Der Lehrer schreibt die (richtigen) Schülerbeobachtungen dahinter, führt über das Lehrer-Schüler-Gespräch den Begriff des Wirtschaftswunders ein und kann durch die selbst aufgeworfene Frage „Wie war das möglich?" zur nächsten Erarbeitungsphase überleiten.

---

37   Wie Kuhn (2006) in seinem Aufsatz über Karikaturen anmerkt, sagt dem Betrachter die politische Karikatur nur wenig, wenn ihm politische Vorinformationen fehlen. Lediglich isolierte Symbole, die Situation und/oder Personen werden erkannt (vgl. S. 31).

38   http://www.wissen.swr.de/sf/wissenspool/typo3temp/pics/383866ba70.gif

In dieser dritten Erarbeitungsphase werden die Lernenden durch Einzelarbeit und einen begleitenden Arbeitsauftrag dazu angehalten, Ursachen für das Wirtschaftswunder aus einem Text zu exzerpieren. Dabei nutzt der Lehrer erneut die Gelegenheit, durch die Aufforderung, „sich mit Stift und Lineal zu bewaffnen" (vgl. Wortprotokoll Z.292), Textbearbeitungsmethoden zu reaktivieren und weiter zu festigen. In der sich direkt anschließenden zweiten Sicherungsphase trägt die Lehrperson die Lösungen der Schüler in das vorgefertigte Tafelbild – vier Pfeile (für je einen zentralen Punkt des Textes) wurden notiert – passend ein. Nach der Darlegung weiterer, den Schülern fehlender Geschichtskenntnisse nutzt die Lehrperson die aufgelisteten Ursachen zur Überleitung auf die Darstellung der „Väter des Wirtschaftswunders", die unter anderem für diese Entwicklung verantwortlich waren.

Die letzte Phase bildet eine Momentaufnahme von Ludwig Erhard und Alfred Müller-Armack in einer Art Bürozimmer. Mit dieser Visualisierung und dem Ausblick auf die weiteren Stunden und darin zu bearbeitenden Fragestellungen beendet der Lehrende die Unterrichtsstunde.

6.1.2 Eindruck des Autors

Auffallend ist die Anwendung verschiedener Methoden wie Gruppen- und Einzelarbeit sowie Karikaturenentschlüsselung und Textexzerption. Im Interview wies der Lehrkörper auf die schnelle und in der Schule allgemein in allen Fächern verbreiteten Gruppenbildungen bei Gruppenarbeit hin, da diese Methode oft angewendet wird. Dem Lehrer obliege dann die Aufsicht und das „Reinhören" in verschiedene Gruppen als Kontrolle des produktiven Prozesses. Die Stunde macht den Eindruck einer sehr durchdachten Vorgehensweise, was nicht zuletzt an den vorgefertigten Tafelbildern zu erkennen ist. Das Verhalten des Lehrers im Klassenraum macht durch ständiges, manchmal nervendes, hektisches Herumlaufen – und der in die Hosentaschen gesteckte rechte Hand – einen erhabenen und „angeberischen" Eindruck. Durch die Zentrierung des Unterrichts auf den Lehrer in allen Phasen beziehungsweise Auswertungsrunden protegiert dieser die gestische Haltung. Seine Bemerkungen und Andeutungen auf geschichtliche Ereignisse wie zum Beispiel „Ja, schreiben wir einfach so, plus 6 Millionen Menschen (L. schreibt an). Innerhalb von zehn Jahren stieg die Zahl der Erwerbstätigen um 6 Millionen Menschen, 6 Millionen Menschen mehr in Arbeit und Brot. Das hat schon mal jemand versprochen gehabt. Aber das ist nicht unser Thema!" verstärken diesen eher negativ konnotierten Eindruck zusätzlich. Bemerkenswert positiv ist der wohl ritualisierte Beginn der Stunde mit der Frage, was es denn Neues in der Politik gäbe, festzustellen. Die Bearbeitung neuer Geschehnisse in der aktuellen Politik musste in dieser Gemeinschaftskundestunde allerdings auf Grund der Beobachtung und dem damit einhergehenden Zeitmangel ausbleiben.

Durch dieses Ritual werden die Schüler zu einer Beschäftigung mit politischen Themen gezwungen und durch Erläuterungen des Lehrers zu angesprochenen Themenkomplexen können die Schüler gleichzeitig ihr Wissensnetz weiter vervollkommnen. Neue Informationen werden so fast nebenbei mit in den Wissensbestand, in das marginale ausgebildete Theoriegebäude eingeflochten, zumal eine Beschäftigung mit politischen Problemen in der zehnten Jahrgangsstufe auf Grund der Themen „Wirtschaft" und „Recht" innerhalb des Lehrplans nicht verlangt wird. Ungeachtet dessen schätzen die Fachlehrer an dieser Schule jenen Gesichtspunkt aber als äußerst wichtig ein und versuchen durch die Behandlung tagespolitischer Themen im Unterricht diesen Aspekt nicht völlig zu vernachlässigen. Im Vordergrund steht eine Verbesserung des Verständnisses über das politische System in der Bundesrepublik Deutschland, das auch durch eine Verknüpfung von schon in einem vorhergehenden Schulhalbjahr behandelten Thema in den Lernkontext der Schüler erreicht werden soll. So stehen bereits bekannte Themen nicht aneinandergereiht und ohne Bezug zueinander im Raum, sondern finden ihre Verknüpfungs- aber auch Bruchstellen in solchen tagespolitisch aktuellen Prozessen.

Der Lehrer scheint die Entwicklung didaktischer Konzepte aufmerksam zu beobachten und aufzunehmen, da er an einer Stelle erwähnt, dass die Schüler durch seine Anmerkung zwecks „Ursachen und Gründe" wieder in die Kategorien zurückkommen sollen (siehe Wortprotokoll Z. 288f.). Eine Auseinandersetzung mit gegenwärtigen didaktischen Modellen scheint folglich gegeben zu sein.

6.1.3 Klassenzusammensetzung und Raumplan

Diese mit künstlerisch-musischem Profil ausgewählte und beobachtete Klasse besteht aus drei Jungen und neunzehn Mädchen, wobei nicht alle Schüler an diesem Tag anwesend waren. Den Aussagen des Lehrers folgend liegt die Beteiligung am Unterrichtsgeschehen bei ungefähr zehn bis zwölf Schülern. Die Tische sind in Parallelreihen angeordnet und die Klassenmitglieder blicken geradeaus nach vorne zum Lehrkörper beziehungsweise zur Tafel.

Wie schon weiter oben angeführt, könnte solch eine Anordnung der Tische (siehe hierzu Abbildung 8, S.73) zu einer verstärkten Zentrierung auf den Lehrer und damit einhergehende starke Lenkung des Unterrichtes führen (ähnlich Giesecke 1976, vgl. S. 131). Kurze Gespräche mit Tischnachbarn sind zu erkennen und auch die Gruppenarbeit der hinteren Gruppe ist alles andere als eine gemeinsame Anstrengung zum Erreichen einer Lösung der gestellten Aufgabe. Durch die Position der Beobachter im Rücken der Klasse kann fast eine Rundumschau des Klassenraumes erfolgen. Dabei kann durchaus eine stetige Mitarbeit und – zumindest rein äußerlich – ein durchgehendes Folgen des Unterrichtsprozesses konstatiert werden.

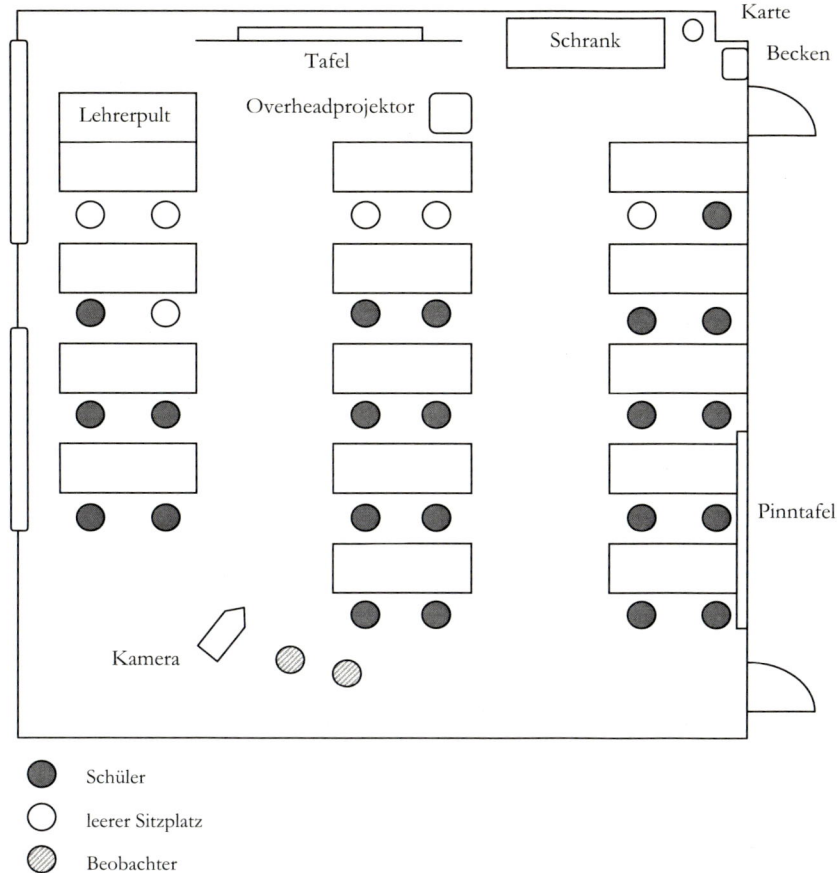

⬤	Schüler
◯	leerer Sitzplatz
◗	Beobachter

Abbildung 8) Raumplan der beobachteten Klasse

6.1.4   Vorgehensweise bei der Beobachtung

Der Autor dieser Arbeit hat jede Frage der Lehrperson, deren Beobachtung hier primär ansteht, notiert und in eine Tabelle eingetragen. Diese Tabelle (Tabelle 8, S.75) gibt in der ersten Spalte die Fragennummer an, in der zweiten Spalte die Zeile der angeführten Frage aus dem Wortprotokoll (s. Anhang S. V-XIX). Die anschließende Spalte listet den Wortlaut der Lehrerfrage und die nächste den der Schülerantwort auf. Es folgt die Einordnung der gestellten Frage in einen Fragentyp gemäß der Tabelle 2 auf Seite 29f. und schließlich die gemessene Wartezeit des Lehrers, bevor er die Frage erneut stellte oder in einer veränderten Form wiederholte. Hierbei stellten sich bereits nach einigen Fragen Probleme mit dem vorgestellten Einordnungsschema ein, da weder rhetorische Fragen noch Fragen zum Koordinieren des Gesprächs aufgeführt sind. Um diese Fragen einem Typ zuordnen zu können, wird der Artikel von Niegemann/Stadler (2001) unterstützend mit einbezogen. So konnte durch die Auflistung des Fragetyps „Fragen zur Konversationskontrolle" diese als eine weitere hilfreiche Fragenart genutzt werden (siehe folgendes Kapitel 6.2).

Anzumerken ist noch, dass nicht alle als Frage gekennzeichneten Sätze aus dem Wortprotokoll in den Fragenkatalog übernommen wurden, da all jene Abschnitte nicht ernsthaft gemeinte Fragen – noch nicht einmal rhetorischer Art – darstellen, sondern diese Frageformulierungen als Leitfragen für die Arbeit in dieser Schulstunde dienen sollen beziehungsweise als Ausblick für kommende Stunden genutzt werden und somit für die Klasse primär strukturierenden Charakter ohne einer Aufforderung zum Antworten darstellen.

6.2 Analyse und Auswertung der Lehrerfragen

6.2.1 Frageneinordnung und Erfahrungen
mit dem verwendeten Einordnungsschema

In der folgenden Tabelle 8 (siehe S. 74ff.) sind alle aus der aufgezeichneten Stunde geäußerten Fragen nach dem zuvor erwähnten System aufgelistet. Dabei finden sich auch Äußerungen, die einen Aufforderungscharakter haben und durch ein Ausrufezeichen am Ende des Satzes gekennzeichnet sind. Nach Petersen und Sommer (1999, vgl. S. 21; Wiater 1993, S. 236) kann die Lehrerfrage grammatisch als Frage oder als Aufforderung formuliert sein, ohne das sich ihre didaktische Funktion ändern würde.[39]

---

[39] „Sollte das Jugendstrafgesetz strenger ausgeführt werden?" oder „Sag mir, ob das Jugendstrafgesetz strenger ausgeführt werden soll!" sind in ihrer didaktischen Funktion, den Schüler zu einem Urteil anzuhalten, gleich.

Tabelle 8) Tabellarische Übersicht über die gestellte Fragen, die zugeordneten Fragetypen und Wartezeit

F.-Nr.	Zeilen-Nr.	Lehrerfrage	Antwort des Schülers	Fragentyp	Warte-zeit (s)
1	30	Deswegen, also ganz einfach mal, frage ich jetzt so ganz offen, ähh… hat jemand was dagegen, dass er hinterher in dem Film zu sehen ist, […]?	(keine Antwort)	Verfahrensfrage	< 1
2	33	Also?	(keine Antwort)	Verfahrensfrage	2
3	43	Das ist ja erst ma wichtig für euch, das zu wissen. Ok?	(keine Antwort)	Frage zur Konversations-kontrolle	< 1
4	58	Da ist ma der erste Arbeitsschritt welcher?	(keine Antwort)	Rekonstruktionsfrage	1
5	59	Ist immer der erste Arbeitsschritt, Isa?	Ja, was halt zu sehen ist.	Rekonstruktionsfrage	1
6	61	Also beschreiben, ne, also nur beschreiben. Wer will das ma machen?	Ja, das ist halt so ….	Frage aus anderer Intention	1
7	74	Ja, du hast gesagt, also unten sieht es aus wie Ruinen nach dem Krieg und in der Überschrift steht „Eine Karikatur aus den fünfziger Jahren", das ist sicherlich (unverständlich)?	Zweiter Weltkrieg.	Faktenfrage	1
8	78	Der ging von… bis…?	1939-1945.	Faktenfrage	< 1
9	80	Habt ihr die Vorfälle schon geklärt?	Nee.	Verfahrensfrage	2
10	85	Ihr sollt versuchen die Karikatur zu interpretieren, jetzt wo wir sie zeitlich eingeordnet haben!	(keine Meldung)	Ziel-/Motivfrage	2
11	86	Welche Aussagen sind drinne versteckt ?	(keine Meldung)	Ziel-/Motivfrage	7
12	88	Welche Fragen habt ihr zur Karikatur, wenn ihr keine Antworten wisst?	(keine Antwort)	Methodologische Frage	4

F.-Nr.	Zeilen-Nr.	Lehrerfrage	Antwort des Schülers	Fragentyp	Warte-zeit (s)
13	89	Versucht ma, aus der Karikatur eine Fragestellung abzuleiten!	(keine Antwort)	Ziel-/Motivfrage	4
14	89	… Fragestellung!	(keine Antwort)	Ziel-/Motivfrage	2
15	91	Könnte es Westberlin sein?		Echo-Frage	1
16	93	Ehm, auch ne interessante Frage. Was noch?	Ja, ist der so mächtig oder warum erhebt der sich über die drüber?	Methodologische Frage	4
17	95	Wer war Ludwig Erhardt?	(keine Antwort)	Echo-Frage	1
18	95	Was noch?	(keine Antwort)	Methodologische Frage	< 1
19	95	Welche Fragen könnt… könnt ihr noch stellen?	S:Ja, warum auf der Zigarre „D-Mark" steht oder DM?	Methodologische Fragen	13
20	98	Was würdet ihr jetzt antworten?	(keine Antwort)	Prozess- und Zusammenhangsfrage	6
21	99	Entdeckt ihr ein Widerspruch in der Karikatur?	(keine Antwort)	Ziel-/Motivfrage	3
22	100	Ein Widerspruch?	Naja, unten halt dieses total verarmte oder kaputte halt und …	Ziel-/Motivfrage	< 1
23	102	Wann war das?	Was?	Faktenfrage	< 1
24	104	Wann war das?	(keine Antwort)	Faktenfrage	< 1
25	104	Das kaputte oder verarmte?	Ja, nach dem Krieg halt.	Faktenfrage	< 1
26	106	1945, ja, und der dicke Mann, Ludwig Erhardt, wenn wir sagen 1945?	Ja, ehm, irgendwie geht's ihm immer noch total gut und ehm er ist reich also…	Zusammenhangsfrage	< 1
27	108	Könnte man die Frage auch anders formulieren?	Wann es ihm wieder gut ging?	Frage zur Konversationskontrolle	1
28	133	Wie können wir denn das ermitteln, wie sich die wirtschaftliche Entwicklung vollzogen hat?	(keine Antwort)	Methodologische Frage	< 1
29	134	Wie können wir das ermitteln?	(keine Antwort)	Methodologische Frage	< 1

F.-Nr.	Zeilen-Nr.	Lehrerfrage	Antwort des Schülers	Fragentyp	Warte-zeit (s)
30	135	Wie könnten wir das ermitteln?	(keine Antwort)	Methodologische Frage	< 1
31	136	Was bräuchten wir dazu, um das ermitteln zu können?	Ein Quellentext. Ja, ein Text, also aus der Fachwelt.	Methodologische Frage	4
32	139	Hm, wie könnten wir es noch machen?	Na, sich übers Internet darüber informieren, wie die Entwicklung war.	Methodologische Frage	1
33	144	Wie könnten wirs machen?	Irgendwelche Zahlen aus dem Jahr.	Methodologische Frage	2
34	172	Wie könnten wir vielleicht ermitteln, ob es ein Wirtschaftswun-der war oder nicht?	(keine Antwort)	Methodologische Frage	< 1
35	174	Woran könnte man's messen, feststellen?	(keine Antwort)	Methodologische Frage	< 1
36	174	Erkunden?	(keine Antwort)	Methodologische Frage	< 1
37	183	So, welche Erkenntnisse habt ihr gewonnen?	(keine Antwort)	Faktenfrage	4
38	185	Was habt ihr festgestellt?	(keine Antwort)	Faktenfrage	< 1
39	186	Bruttosozialprodukt, was ist denn das überhaupt?	(unverständlich)	Definitionsfrage	2
40	189	Wie hat sich das Bruttosozialprodukt in den fünfziger Jahren entwickelt?	(keine Antwort)	Elementarfrage	2
41	190	Wie könnten ma das einschätzen?	(keine Antwort)	Urteilsfrage	< 1
42	190	Normal?	Ja, die Ausgaben, die (unverständlich) verdreifacht.	Frage zur Konversationskontrolle	2
43	193	Der private Verbrauch, wie hat sich der entwickelt?	(keine Antwort)	Elementarfrage	< 1
44	194	Wie hat sich der private Verbrauch entwickelt?	Ja, der ist auch gestiegen.	Elementarfrage	8

F.-Nr.	Zeilen-Nr.	Lehrerfrage	Antwort des Schülers	Fragentyp	Warte-zeit (s)
45	196	Hm, könnten wir das irgendwie konkret machen?	Ums vierfache vielleicht?	Elementarfrage	< 1
46	198	Ums vierfache?	(keine Antwort)	Frage zur Konversa-tionskontrolle	< 1
47	198	In den fünfziger Jahren?	Ehm, nee. Äh, …	Frage zur Konversa-tionskontrolle	5
48	200	Pil mal Daumen, grob gesagt?	Die Hälfte.	Faktenfrage	2
49	202	Ja, wie nennt ma das dann, es ist…?	Verdoppelt.	Faktenfrage	1
50	206	Das Einkommen, was die Leute im Portemonnaie hatten?	Hat sich verdop-pelt.	Faktenfrage	< 1
51	212	Die Zahl der Erwerbstä-tigen?	Ja, die ist gestiegen, also extrem, sechs Millionen.	Faktenfrage	3
52	215	Wie viel mehr geworden?	6 Millionen.	Faktenfrage	< 1
53	220	Wie hoch war die Ar-beitslosenquote?	(keine Antwort)	Faktenfrage	3
54	221	Wie hat sich die entwi-ckelt?	(keine Antwort)	Elementarfrage	< 1
55	221	Die Zahl der Arbeiter, die keine Arbeit hatten?	Die ist doch um zehn Prozent gesunken.	Faktenfrage	< 1
56	224	Um zehn Prozent gesun-ken. Das heißt also von…?	Zehn Prozent weniger.	Faktenfrage	< 1
57	226	Zehn Prozent weniger, also von elf Prozent auf zehn Prozent?	Nä.	Frage zur Konversa-tionskontrolle	1
58	228	Jetzt haben wir ein mathematisches Prob-lem. Ne?	(keine Antwort)	Frage zur Konversa-tionskontrolle	2
59	229	Wie können wir's anders ausdrücken?	(keine Antwort)	Faktenfrage	< 1
60	231	Aber: wie können wir es anders ausdrücken, einfacher?	Sind auch um 1,3 Prozent gesunken.	Faktenfrage	< 1

F.-Nr.	Zeilen-Nr.	Lehrerfrage	Antwort des Schülers	Fragentyp	Warte-zeit (s)
61	239	Vorhin kam die Frage aus der Gruppenarbeit heraus, äh, „Wie ist denn die Quote heute?". Weiß es jemand?	(keine Antwort)	Faktenfrage	< 1
62	240	Weiß es jemand?	(unverständlich)	Faktenfrage	< 1
63	242	Ost und West sieht's noch anders aus. Wie ist es da noch im Moment?	(unverständlich)	Faktenfrage	3
64	244	Und mussten die Menschen nun für all das mehr arbeiten, damit das alles (L. zeigt auf Tafelbild) erreicht werden kann?	Die mussten vier Stunden weniger arbeiten.	Frage zur Konversationskontrolle	1
65	250	Wie sah es mit dem Urlaub aus?	(keine Antwort)	Faktenfrage	< 1
66	251	Wie hat sich die Zahl der Urlaubstage entwickelt in den fünfziger Jahren?	Na, die hatten viel mehr Urlaub.	Elementarfrage	1
67	255	Wie hört'n sich das an?	(murmelnd) Klasse.	Urteilsfrage	1
68	257	Klasse, oder anderer Kommentar?	(keine Antwort)	Urteilsfrage	2
69	257	Wie hört sich das an?	(keine Antwort)	Urteilsfrage	3
70	257	Wie hört sich das für Julia (nicht ganz verständlich) an?	Hä?	Urteilsfrage	1
71	260	Bist schüchtern heute?	(nickt)	Emotionsfrage	< 1
72	261	Wie könnte man es noch beschreiben, zusammenfassend beschreiben?	Als Wirtschaftswunder.	Elementarfrage	< 1
73	270	Daraus ergibt sich für uns jetzt ne Frage?	Ja, wer das so hingekriegt hat?	Zusammenhangsfrage	3
74	275	Wie kriegen wir das raus?	Ja, dass war bestimmt der dicke Mann da vorne.	Methodologische Fragen	3
75	279	Aber ein Einzelner kanns ja nicht gewesen sein, oder?	… naja …	Zusammenhangsfrage	< 1

F.-Nr.	Zeilen-Nr.	Lehrerfrage	Antwort des Schülers	Fragentyp	Warte-zeit (s)
76	2282	… is das realistisch zu sagen „Ein Einzelner war das?"	Nee, aber …	Frage zur Konversationskontrolle	< 1
77	303	So, wie war das möglich?	(keine Antwort)	Zusammenhangsfrage	< 1
78	303	Wie war das möglich?	(keine Antwort)	Zusammenhangsfrage	2
79	304	Was waren die Gründe dafür, dass es zu diesem Wirtschaftswunder kam, wie wir es bezeichnen?	Ähm, ja, also es …	Elementar-/Faktenfrage	< 1
80	311	Sind das jetzt Ursachen des Wirtschaftswunders oder vielleicht schon Ergebnisse?	Ja, sind eher Ergebnisse.	Frage zur Konversationskontrolle	< 1
81	315	Wie jetzt?	… ja, auf jeden Fall (unverständlich) die Menschen, dass sie (…)	Frage zur Konversationskontrolle	< 1
82	323	Ein weiterer Punkt?	Ähm, starke Geburtsjahrgänge von Mit- Enddreißigern (…)	Faktenfrage	3
83	332	Welche Währungsreform?	Die Neue!	Faktenfrage	< 1
84	340	So, wollen die Fakten zusammentragen. Weiter!	Ja dadurch die Einführung der freien Marktwirtschaft.	Faktenfrage	< 1
85	346	Und noch nen vierten Aspekt nennt der Text.	(keine Antwort)	Frage zur Konversationskontrolle	2
86	346	Einen vierten Aspekt nennt der Text. Gregor!	Ja, äh, die Unternehmer waren von (…)	Faktenfrage	< 1
87	351	Damit einverstanden, persönliches Engagement der Menschen?	Ehm, …	Klärungsfrage	2
88	366	Wer könnte das gewesen sein?	(murmeln)	Faktenfrage	2
89	368	Ja, wie bitte?	Der dicke Mann.	Frage zur Konversationskontrolle	1

F.-Nr.	Zeilen-Nr.	Lehrerfrage	Antwort des Schülers	Fragentyp	Warte-zeit (s)
90	381	Das waren die „Väter", zwei „Väter" des Wirt-schaftswunders. In welcher Funktion, in welchem Amt?	(keine Antwort)	Frage zur Konversati-onskontrolle	< 1
91	395	Was waren die zwei idealtypischen Wirt-schaftsordnungen, die wir kennengelernt haben? Gregor!	Marktwirtschaft und Zentralverwal-tungswirtschaft.	Faktenfrage	3

Die Einordnung erfolgte unter der Beachtung des Kontextes und sollte, falls dem Leser die Zuordnung eines Fragentyps nicht unmittelbar eingänglich ist, mittels der Aufzeichnung analysiert werden. Wie bereits oben erwähnt, musste der Autor bei der Zuordnung des Fragetyps auf den dem Schema zu Grunde liegenden Artikel zurückgreifen und zum Beispiel „Fragen zur Konversationskontrolle" als weitere Kategorie hinzuziehen (weitere Kategorien siehe unten). Dieser Fragetyp wird als „rhetorische" Frage zur „Lenkung des Konversationsflusses und der Kontrolle der Aufmerksamkeit der Adressaten" (Niegemann/Stadler 2001, S. 177) definiert. Hierin werden somit Lenkungsfragen sowie rhetorische Fragen subsumiert, weshalb aus der Erfahrung der Anwendung des dieser Analyse zu Grunde liegenden Schemas von Henkenborg dieses um die Kategorie beziehungs-weise den Fragetyp „Gesprächslenkungsfragen" erweitert werden sollte, dessen Subkategorien Lenkungsfragen sowie rhetorische Fragen bilden könnten. Eine Einordnung entlang der Anforderungsstufen ist hingegen nur unzureichend zu gewährleisten, da einzelne Lenkungsfragen auf kognitiv unterschiedliche Anfor-derungen abzielen können. Bis auf ein paar wenige der als Konversationslen-kungsfragen eingeordneten Lehrerfragen können alle als Entscheidungsfragen mit Antwortmöglichkeiten „Ja" oder „Nein" angesehen werden. Die sich jeweils anschließenden Ausführungen seitens der Schüler erfolgt selbstständig, ohne das in der Frage schon solch eine Aufforderung versteckt wäre.

Bezüglich der Unterscheidung von „Faktenfragen" und „Elementarfragen" ist ein nicht klar zu trennender Bereich für die jeweiligen Operatoren zu konstatieren. Der Autor sah sich des Öfteren der Entscheidung zwischen beiden Operatoren gegenübergestellt, wobei er die Elementarfrage im Hinblick auf das stärkere Vorhandensein des „Sachverhaltes" sowie der „Entwicklung" und „Verknüp-fung" einzelner Aspekte zu einer umfassenderen Erklärung des Gedankengangs zuordnete und die Faktenfrage demgegenüber der für sich singulär stehende Fakten zu Rate zog. Hier diverse für die jeweiligen Fragentypen charakteristische

Anhaltspunkte zu entwickeln und dem Benutzer zur Verfügung zu stellen, würde die Verwendung und Zuordnung weiter erleichtern.

Ähnlich erging es dem Autor auch bei der Differenzierung von Voraussetzungs- und Instrumentenfragen, sind Letztere doch auch immer innerhalb Ersterer mit zu bedenken. Die nähere Erläuterung der Voraussetzungsfrage – „die für das Erreichen eines vorab definierten Ziels notwendigen Prämissen und Maßnahmen erkennen und erläutern" – inkludiert doch schon die Definition der Instrumentenfragen „erschließen und erläutern, welche Instrumente, Pläne und Handlungsabläufe notwendig sind, um ein bestimmtes Ziel zu erreichen." In diesem Fallbeispiel fand der Autor keine Lehrerfrage vor, die in einer dieser beiden Kategorien aufzunehmen gewesen wären. Daher beruht diese Anmerkung der diffizilen Unterscheidung auf Vorüberlegung bezüglich der für die Beobachtung der Schulstunde notwendigen Anwendung. Die Unterscheidung kann nur an den Begriffen „erkennen" und „erschließen" getroffen werden, die erneut das Augenmerk des Betrachters auf den Prozess des Entwickelns lenkt. Während bei Voraussetzungsfragen schon vorhandene Prämissen oder Maßnahmen lediglich aktiviert und geordnet werden müssen, erfolgt bei Instrumentenwissen eine Erarbeitung neuer, bisher unbekannter Voraussetzungen und Instrumentarien, um ein festgelegtes Ziel zu erreichen. Dennoch wird eine konkrete Trennung beider Fragetypen nicht auf den ersten Blick zu erkennen sein und sich als schwierig gestalten, so dass auch hier weitere Ergänzungen zur Spezifizierung angebracht erscheinen.

Eine ebenso nicht eindeutig zu klassifizierende Äußerung wie „Wie können wir das ermitteln?" oder „Welche Fragen habt ihr zur Karikatur?" stellen ein weiteres Problem dar. Zum Einen könnten diese Fragen dem Typ der „Rekonstruktionsfragen" zugeordnet werden, rekurrieren sie doch auf Vorwissen und subjektive Theorien der Schüler. Sie sollen in diesem Moment mögliche Lösungsansätze preisgeben, wie sie das gestellte Problem zu beheben gedenken. Andererseits verweisen diese Lehrerfragen auf mögliche Lernwege, folglich sprechen sie eine metakognitive Ebene an. Die Lernenden müssen selbst über einen möglichen Lernweg nachdenken, damit sie zu einem Ergebnis im Hinblick auf das genannte Problem gelangen und Erkenntnisse gewinnen. Mit dieser Annahme wird die Handlungskompetenz und die ihr implizierte Methodenkompetenz geschult. Vollständige und komplexe Lernprozesse müssen selbstständig geplant, überblickt und verfolgt werden, und die Kenntnis von Methoden zur selbstständigen Aneignung von neuem Wissen und Können ist der Weiterentwicklung der Handlungskompetenz überaus zuträglich und findet innerhalb genetischer Lernarrangements ihren Platz im Unterricht. Anlehnend an Lippitt/Fox/Schaible (1969, S. 19) (siehe Kapitel 3.4, S. 27) fügt der Autor für diese Fragen den Typ der „methodologischen Fragen" ein.

Zum Abschluss dieses Abschnittes wird auf jene Fragetypen eingegangen, die der Autor in seinem Bestimmungsraster verwendet, deren Beschreibung in dem dieser Einordnung zu Grunde liegenden Schema jedoch nicht aufgeführt und erläutert sowie bisher noch nicht genannt wurden. All jene entstammen aus dem Aufsatz von Niegemann/Stadler (2001, vgl. S. 176ff.). Verfahrensfragen beziehen sich auf den Aspekt der Klärung schulischer und schulorganisatorischer Belange, die keine Vermittlung lernrelevanter Informationen verfolgen. Hier werden, wie in diesem Fallbeispiel zu Beginn der Stunde die vom Lehrer erläuterten Formalia im Hinblick auf die Beobachtung und Videoaufzeichnung der aktuellen Gemeinschaftskundestunde, administrative und dem Unterricht nicht unmittelbar notwendige organisatorische Probleme angesprochen und gelöst. Frage 58 bezeichnet der Autor als eine „Frage aus anderer Intention", deren nähere Erläuterung bei Niegemann/Stadler auf eine Sammelkategorie für semantisch erkennbare Fragen hinausläuft, deren Einordnung in das vorhandene Raster nicht erfolgen kann. In der Kategorie „Echo-Frage" subsumiert sich das bekannte Lehrerecho, das nicht ausschließlich ohne Bezug erfolgt, sondern auch zu einer vorangegangenen Störung in Bezug stehen kann und so auf die Steigerung der Aufmerksamkeit der Lernenden wirken soll. Frage 71 wird als Emotionsfrage eingeordnet, da hier eine eindeutige affektive Ansprache an die Schülerin erfolgte. Wie an diesem Fallbeispiel zu beobachten ist, wird die affektive Dimension des Unterrichts meist sehr vernachlässigt, obwohl diese für die Persönlichkeitsentwicklung des Lernenden als auch für dessen Lernprozess nicht als unerheblich betrachtet werden sollte. Frage 87 wird in dem Fragentyp der „Klärungsfragen" zugeordnet, da hier der Lehrer an den Schüler zurückfragt, ob die von ihm gerade geäußerte Antwort diesem Punkt („Persönliches Engagement der Menschen") zugeordnet werden kann.

6.2.2 Allgemeine Anmerkungen zum Verlauf der Stunde und dem Verhältnis von Schüler- zu Lehrerfragen

Durch die schon oben angeführte Beobachtung der vom Lehrer durchdachten, wenn auch von einer Kollegin übernommenen aber veränderten Schulstunde, zeigt einen reibungslosen, nur an manchen Stellen stockenden Unterrichtsverlauf. Weder Disziplinierungsandrohungen beziehungsweise -aussprachen noch bestimmendes, lautes Reden des Lehrers sind zu beobachten. Die Schüler arbeiten mit, wenn auch diese Mitarbeit innerhalb der Klasse stark zu variieren scheint, da sich nur einige Schüler aktiv in die Lehrer-Schüler-Gespräche begeben und Statements äußern. An dieser Stelle soll angemerkt werden, dass die 22 Schüler keine (!) Frage stellen, um Wissenslücken bezüglich des Stoffes zu äußern oder Zusammenhänge näher erläutert zu bekommen, sondern nur Verfahrensfragen an den Lehrer richten. Die Lehrperson hingegen stellt 91 Fragen. Im Durchschnitt wären dies also knapp zwei gestellte Fragen pro Minute, wobei sich diese Frequenz auf 18,2 Sekunden erhöht, da 12 Minuten und 37 Sekunden für Karikaturbetrachtung, Gruppen- und Einzelarbeitsphase von den zu Grunde gelegten vierzig Minuten abgezogen werden müssen. Diese Gängelung der Lernenden am Frageband des Lehrers rückt in ein etwas positiveres Licht, wenn die zahlreichen Frageketten berücksichtigt werden. So stellt der Lehrkörper also nicht eine Frage, wartet auf eine Antwort des Schülers und stellt dann die nächste Frage, sondern äußert des Öfteren vier oder fünf, von der Satzstruktur her meist unwesentlich veränderte, dem Sinn gemäß gleiche Fragen, deren jeweiligen Betonung variiert werden und sogar am Ende der Reihenfragen lediglich Satzfragmente bis hin zu einzelnen Wörtern der Ausgangsfrage artikuliert werden. Abgesehen von der besonderen Situation durch die Aufzeichnung dieser Stunde und die damit wahrscheinlich einhergehende Schüchternheit von einigen Schülern, sich zu äußern, wird der Lehrer auch im Alltag des Schullebens wohl ähnlich im Unterricht agieren. Diese Bildung von Reihenfragen wird somit eine „subjektive Theorie" des betreffenden Pädagogen sein, derer er verhaftet ist, obwohl er vielleicht Gegenteiliges im Studium gelernt hatte. Vielleicht erhofft er sich von diesen stetigen Wiederholungen, die sich nicht nur auf seine Fragen sondern auch auf Schülerantworten beziehen und dann als Lehrerecho bezeichnet werden, gemäß dem Sprichwort „Die Mutter aller Didaktik ist die Wiederholung", ein Lerngewinn bei den Schülern. Die mit jeder in der Kette singulär gestellter Frage hervorgerufene Unterbrechung des kognitiven Prozesses zur Auffindung einer Lösung auf Seiten der Lernenden gereicht deren Lösungsfindung und Durchhaltevermögen nicht zum Vorteil. Wenn die erste Frage des Lehrers gut genug strukturiert und wohlbedacht geäußert wurde, müssen nicht zusätzlich drei Variationen dieses Wortlautes angeheftet werden. Nach der Einschätzung des Autors ist auch wegen diesem Lehrerverhalten nur eine niedrige Schülerbeteiligung, gemessen an den freiwilligen Handzeichen als Wissender um die Lösung, zu erklären.

Bis auf zwei Fragen (70, 71), die beide an eine Schülerin gestellt wurden, sind alle Fragen an die gesamte Klasse gerichtet, so dass keine Differenzierung im Hinblick auf Heterogenität innerhalb der Klassengemeinschaft erfolgt. Diese These muss aber noch weiter ausgeführt werden: Neben diesen zwei Fragen stellt der Lehrer während der Gruppenarbeitsphase drei Fragen an die vordere Gruppe; ob weitere Fragen in anderen Gruppen gestellt wurden, kann vom Beobachter nicht gehört werden. Darüberhinaus äußert die Lehrperson 15 Fragen, die sich jeweils an eine Konkretisierung der vom Schüler gegebenen Antwort richten und als „Folgefragen" gesehen werden können und sich somit spezifisch auf den jeweiligen Schüler beziehen (z.B. Z. 195-203; Z. 223-227; Z. 277-283). Es kann festgestellt werden, dass weder einige Schüler, die während des gesamten Unterrichtsverlaufs nichts äußern, direkt angesprochen werden, noch den Lernenden mehr Zeit zum Überlegen der Antwort gegeben wird, um so die Beteiligung zu steigern. Meist nimmt die Lehrperson die erste Schülermeldung wohlwollend auf und nimmt hierdurch eine geringe Beteiligung der Klasse am Unterrichtsgeschehen in Kauf.

6.2.3   Wartezeit nach Äußerung einer Lehrerfrage

Die Bedeutung der Wartezeit und mögliche Verbesserungen bei weitreichender Verlängerung auf mindestens drei Sekunden sind schon im Kapitel 3.5 besprochen worden. Im folgenden Kapitelabschnitt soll die Wartezeit bei den gestellten Fragen innerhalb der beobachteten Schulstunde genauer betrachtet werden.

Im Diagramm (Abbildung 9) sind nur jene Wartezeiten angeführt, die mindestens eine Sekunde dauerten.[40] Die restlichen 42 Fragen wurden ausgespart, zumal bei diesen den Schülern zur Beantwortung weniger als eine Sekunde gegeben wurde und eine genauere Messung bezüglich der Kommastelle nicht angegeben werden kann.

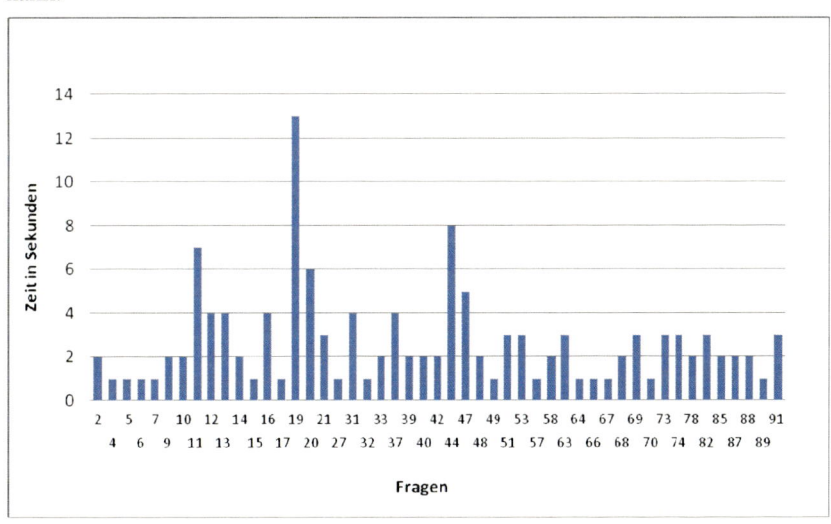

Abbildung 9) Wartezeiten von mindestens einer Sekunde nach geäußerter Lehrerfrage

Die durchschnittliche Wartezeit der im Diagramm aufgeführten Fragen beträgt 2,67 Sekunden. Die ausgesparten Fragen würden diese Zahl noch weiter senken. Hilfreicher ist allerdings die Auswertung nach der Anzahl von Fragen mit bestimmten Wartezeiten (siehe Tabelle 9, S. 86).

---

40   Dies erfolgt aus Gründen der Übersichtlichkeit, denn anstatt 91 Fragen sind jetzt nur noch 49 aufgeführt.

Tabelle 9) Tabellarische Übersicht über die Anzahl von Fragen nach Dauer der Wartezeit

Wartezeit (in sec)	< 1	1	2	3	4	5	6	7	8	9	10	11	12	13
Anzahl der Fragen	42	15	15	9	5	1	1	1	1	-	-	-	-	1

Wie aus Tabelle 9 ersichtlich wird, beträgt die Wartezeit bei 81 Fragen höchstens 3 Sekunden, das heißt bei 89% der Lehrerfragen besteht zu wenig Zeit für die Lernenden, Gedankenprozesse voll zu entwickeln und abzuschließen. Es muss an dieser Stelle die Häufigkeit des Auftretens von Reihenfragen angeführt werden, weshalb nach zahlreichen Lehrerfragen weniger als eine Sekunde Zeit zur Beantwortung durch den Lernenden gegeben ist. An dieser Stelle werden sie dennoch mit in die Rechnungen aufgenommen, da sie gemäß der Definition Fragen sind. Damit sind auch die kurzen Antwortsätze der Lernenden zu erklären, denen die Darlegung des möglichen Gedankenprozesses durch stetiges Fragen genommen und ihr Blick auf die Beantwortung einzelner Fragesegmente fokussiert wird. Fragen 11, 19 und 44 können als außergewöhnlich angesehen werden, deren Wartezeit weit über dem Durchschnitt zu verzeichnen ist. Neben Ein-Wort-Antworten finden sich Sätze mit einigen Satzgliedern und nur wenige, etwas umfassendere Darlegungen der eigenen Denkprozesse. Dem Lehrer scheint dies aber auch zu genügen, da die Stunde auf die Erarbeitung von Faktenwissen und nur rudimentär auf das Entwickeln von Zusammenhängen ausgerichtet ist. Nach der eigenen Beurteilung des interviewten Pädagogen sollen die Schüler in dieser Stunde die Gründe für das Wirtschaftswunder gelernt haben, die Hintergründe würden später im Geschichtsunterricht erarbeitet. Warum der Weg einer Marktwirtschaft bestritten wurde und welche Auseinandersetzung es um die „richtige" Wirtschaftsordnung in Deutschland nach dem Zweiten Weltkrieg innerhalb der deutschen Bevölkerung aber auch unter Einfluss der Besatzungsmächte gab, wird – so lässt es der Ausblick am Schluss der Schulstunde auf die noch verbleibenden Stunden im Schuljahr bereits ahnen – nicht betrachtet. Diese Einführungsstunde kann dem Anspruch einer Problembearbeitung vielleicht nicht gerecht werden, da sie vorerst zur Darlegung von basalen Informationen für die weitere Bearbeitung dienen soll. Anknüpfungspunkte für diese Diskussionen bieten sich genug und sollten auch wahrgenommen werden, denn sonst beließe der Lehrer diese Stunde bei einer reinen Faktenerarbeitung und eine Einordnung in den Gesamtzusammenhang der Thematik würde nicht erfolgen.

6.2.4 Anteil der Redezeit von Lehrer und Schülern

Eine weitere Bestätigung der in dem vorangegangenen Abschnitt dargelegten mangelnden Beteiligung der Schüler am Unterricht bietet die genauere Betrachtung der Redeanteile von Schülern und Lehrer. Insgesamt wurden in dieser Stunde ab dem Zeitpunkt der Lehreräußerung „Deshalb habe ich angedeutet…" (siehe Wortprotokoll Z. 52) bis zum Klingelzeichen 3445 Wörter gesprochen, wovon der Lehrer 3015 und die Schüler 430 Wörter äußerten. Dies ist ein Verhältnis zwischen Lehrer und Schüler von 88% zu 12% aller gesprochenen Wörter. Bei solch einer Rededominanz der Lehrperson ist verständlich, weshalb Schüler nur wenige Chancen zu einer ausführlichen Beantwortung einer gestellten Frage haben. Diese 430 gesprochenen Wörter gelten ja für alle 22 Schüler in dieser Klasse, so dass der einzelne Lernende ungefähr 20 Wörter in dieser Stunde sagen würde, der Lehrer hingegen das 150fache. Das Ergebnis auf Schülerseite wird wohl auch der Beobachtungssituation und der damit verbundenen Schüchternheit geschuldet sein, da nach Aussage des Lehrers in dieser Klasse stets zehn bis zwölf Schüler aktiv mitarbeiten. Allgemein sei die Klasse aber ruhig und arbeite gut mit, inwiefern hier auch immer der Begriff des Mitarbeitens aufgefasst und mit Inhalt gefüllt wird. Die positive Einschätzung des Lehrers auf die Frage hin, ob die Lernenden tatsächlich in den Gruppen über die Statistik gesprochen und sich mit dieser auseinandergesetzt hätten, legt den Schluss nahe, dass hier entweder ein verschobener Arbeitsbegriff oder mangelnde Aufmerksamkeit bei der nicht vorhandenen Betreuung der Gruppen – lediglich kontrollierendes Herumlaufen – vorherrschen. Die Gruppe direkt vor den beiden Beobachtern hat nicht gemeinsam zusammengearbeitet, wenn sie überhaupt gearbeitet haben. Sie haben versucht, die Statistik zu verstehen, aber schnell arbeitete nur noch ein Gruppenmitglied und die anderen orientierten sich in ihrer Mappe und redeten über andere Ereignisse. Nach dem Ausspruch des Lehrers während der Gruppenarbeitsphase zu einer anderen Gruppe (siehe Wortprotokoll Z. 177-178) scheint dieses kein singuläres Problem gewesen zu sein. Warum letztendlich die mündliche Beteiligung vieler Schüler so gering ist, lässt sich bei einer aus dem Zusammenhang gerissenen Stunde nicht sagen, doch ist hier die Dominanz des Lehrers mehr als offensichtlich und damit auch ein ganz gewichtiger Faktor in diesem Prozess. Eine Reduktion der Reihenfragen und ein durch den Geschichtsunterricht aufgearbeiteten Stoff hätten den Anteil des Lehrervortrages wesentlich gesenkt und den Schülern in einer schon durch 45 Minuten eng bemessenen Zeit weitere Beteiligungschancen eingeräumt, zumal die Lernenden dann neue Verbindungen zwischen dem Wissen aus Geschichte und dem neu erworbenen politischen Wissen hätten knüpfen können.

6.2.5 Auswertung qualitativer und quantitativer Aspekte der Fragentypen

In diesem Abschnitt soll die Auswertung der Frageneinordnungen aus Tabelle 8 erfolgen. Unter dem quantitativen Gesichtspunkt ist folgendes Ergebnis, wie es in Tabelle 10 dargestellt ist, zu verzeichnen.

Die Summe der einzelnen Ergebnisse ergibt 89 Fragen und nicht 91. Dies liegt an den nicht eindeutig zu bestimmenden Fragen 20 und 79, weshalb der Autor diese auch nicht mit in die Auswertung einbezogen hat. Da sie, egal in welche der beiden möglichen und in der Tabelle 8 auch aufgeführten Kategorien sie jeweils eingeordnet werden, das Ergebnis nicht signifikant beeinflussen und das angesprochene kognitive Niveau gleich zu bleiben scheint, können sie aus der Analyse herausgelassen werden, finden aber an dieser Stelle dennoch Erwähnung.

Tabelle 10) Quantitative Auswertung der Zuordnung von Fragetypen

Frage aus anderer Intention	1	Frage zur Konversationskontrolle	14
Rekonstruktionsfrage	2	Verfahrensfrage	3
Faktenfrage	27	Ziel-/Motivfrage	6
Methodologische Frage	14	Echo-Frage	2
Zusammenhangsfrage	5	Definitionsfrage	1
Elementarfrage	7	Urteilsfrage	5
Emotionsfrage	1	Klärungsfrage	1

Zur besseren Veranschaulichung der jeweiligen Fragetypen trägt die Abbildung 10, S. 89 bei.

Deutlich ist der mit 27 Fragen beziehungsweise mit einem Drittel der gesamten Fragen gemessene vorherrschende Typ jener der Faktenfrage. Fragen zur Konversationskontrolle und methodologische Fragen sind die am nächst häufigsten vorkommenden Fragetypen. Elementar-, Ziel-/Motiv-, Zusammenhangs- sowie Urteilsfragen konnten anhand von 7, 6 beziehungsweise 5 Äußerungen beobachtet werden. Elementar-, Fakten-, Definition- und Ziel-/Motivfragen werden dem Schema von Henkenborg folgend der Anforderungsstufe „Beschreiben" zugeordnet. 46% aller Fragen rekurrieren folglich auf diese Anforderungs-stufe. Dem Anforderungsbereich „Analysieren" können hier nur 5 Fragen, nämlich jene der Zusammenhangsfragen, zugeordnet werden. Dem Anforderungsbereich „Beurteilen" können ebenso nur die 5 Urteilsfragen zugerechnet werden.

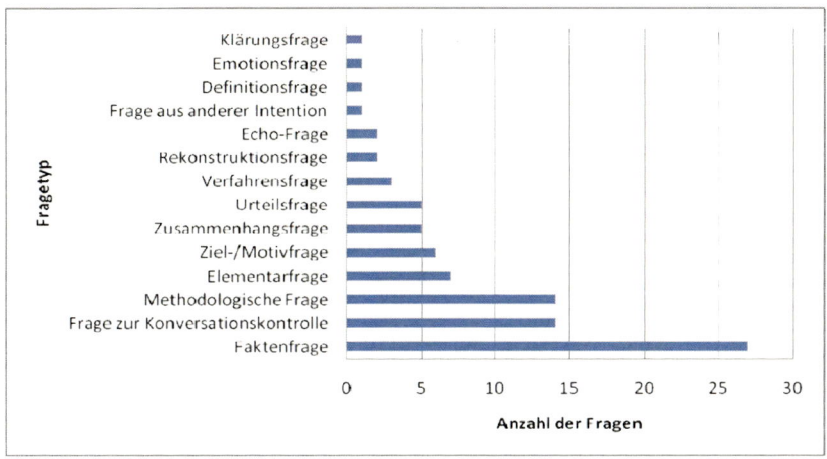

Abbildung 10) Qualitative Auswertung der Zuordnung von Fragetypen zu den einzelnen Lehrerfragen

Die Auswertung wird durch den nicht zu umgehenden Rückgriff auf Fragetypen der Kategorisierung nach Niegemann/Stadler (2001) erschwert, da von den in Tabelle 9 aufgeführten Typen nur die Hälfte mit jenen des Schemas von Henkenborg übereinstimmen. Um dennoch eine weitere Einordnung der Fragen nach Qualitätsstufen zu ermöglichen, werden die restlichen sechs Fragekategorien nach der Kategorisierung und Bewertung des kognitiven Niveaus von Niegemann/Stadler zugeordnet. Hierbei fällt auf, dass bis auf „Fragen zur Konversationskontrolle" und „methodologischen Fragen" alle Kategorien zur Qualitätsstufe 0 gezählt werden können, da diese Lehreräußerungen kein Lernen im weiteren Sinne intendieren. Für die beiden anderen Kategorien kann keine eindeutige Zuordnung zu einer Qualitätsstufe erfolgen, da diese Einordnung je nach dem spezifischen Kontext, innerhalb dessen die Fragen geäußert wurden, und vorhandenem Vorwissen variieren.

Noch eindeutiger wird das Anspruchsniveau der durch die gestellten Lehrerfragen bei der Klasse auszulösenden kognitiven Prozesse, wenn die Klassifizierung von Bloom herangezogen wird (siehe Fußnote 35). Wuttke (2005, vgl. S. 145) und Klinzig-Eurich/Klinzig (1982, vgl. S. 314) sehen in den Stufen Wissen, Verstehen und Anwenden Fragen niederer Ordnung, in den Stufen Analyse, Synthese und Beurteilung Fragen höherer Ordnung. Bei letzteren genügen keine einzelnen korrekten Antworten, die nur aus dem Gedächtnis abgerufen werden, sondern hier erfolgen komplexe Denkprozesse mit mehreren kognitiven Schritten. Demnach können zu höheren Fragen die Typen „Zusammenhangsfragen", „Urteilsfragen" und „methodologische Fragen" zugeordnet werden, insgesamt also

24 der 89 Fragen beziehungsweise 27% aller gestellten Lehrerfragen. Alle restlichen Lehreräußerungen in Form einer Frage können den Stufen Wissen, Verstehen und Anwenden angegliedert werden.

Mit allen drei Kategorisierungssystemen ist ein eindeutiger Schwerpunkt auf einem kognitiv niedrigen Anspruchsniveau zu verzeichnen und nur wenige Lehrerfragen fordern die Schüler zu einem komplexen, einzelne Überlegungen zusammensetzenden und reflektierenden Gedankenprozess auf.

6.2.6 Fragefolgen und einige Anmerkungen zum Frageverhalten des Lehrers

Im Hinblick auf die im Theorieteil ausgearbeiteten Fragefolgen können hier im Fallbeispiel nur wenige Beispiele angeführt werden. Im Folgenden ist der Wortlaut des ersten Beispiels aufgeführt:

> L: Ehm. Ja, sehr schön beobachtet. Die Zigarre ist beschriftet, da steht DM. Was würdet ihr jetzt antworten? (Pause) Entdeckt ihr ein Widerspruch in der Karikatur? (läuft herum) Ein Widerspruch?
>
> S: Naja, unten halt dieses total verarmte oder kaputte halt und …
>
> L: Wann war das?
>
> S: Was?
>
> L: Wann war das? Das kaputte oder verarmte?
>
> S: Ja, nach dem Krieg halt.
>
> L: 1945, ja, und der dicke Mann, Ludwig Erhardt, wenn wir sagen 1955?
>
> S: Ja, ehm, irgendwie geht's ihm immer noch total gut und ehm er ist reich also…
>
> L: Isa hat gesagt, ihm geht's immer noch gut. Könnte man die Frage auch anders formulieren?
>
> S: Wann es ihm wieder gut ging?

Neben der zweimaligen Intervention während der Ausführung der Überlegungen des Schülers kann an diesem Beispiel eine absteigende Fragefolge studiert werden. Während der Lehrer noch mit einer offenen Frage, ob die Schüler einen Widerspruch in der Karikatur erkennen und einer impliziten Aufforderung, diesen dann auch zu nennen, beginnt, interveniert er während der ersten Schüleräußerung mit der Positionierung einer Faktenfrage, ohne den Schüler seinen Gedankenprozess erst voll darlegen zu lassen. Der Anfang des Schülersatzes deutet auf genau jenen Widerspruch hin, den der Lehrer gerne hören möchte, allerdings durch seine Zwischenfragen unnötig weiter hinauszögert, denn die Faktenabfrage nach der genauen Jahreszahl hätte auch nach den Ausführungen gestellt werden können. Zudem hätte dann die Möglichkeit bestanden, beim Schüler weiter nachzufragen, wann diese Ruinen vorhanden waren und wie dieser Sachverhalt in

Verbindung mit Ludwig Erhard stehen könnte. Damit hätte der Lehrer dann den Widerspruch auch nicht mehr fast selbst herausarbeiten müssen, sondern hätte dies den Schülern überlassen können.

Während der Unterrichtsphase der Klärung einzelner Gründe und Ursachen des Wirtschaftswunders und der statistischen Messgrößen für die innerdeutsche wirtschaftliche Entwicklung erfasst der Lehrer dieses Problemfeld ausschließlich mit Elementar- oder Faktenfragen, bewegt sich also in einer horizontalen Fragenfolge. Dazu ein kurzer Ausschnitt aus dem Wortprotokoll:

L: (…) Wie hat sich das Bruttosozialprodukt in den fünfziger Jahren entwickelt? Wie könnten ma das einschätzen? Normal? Annika!

S: Ja, die Ausgaben, die (unverständlich) haben sich halt verdreifacht.

L: Verdreifacht. (L. schreibt an) Der private Verbrauch, wie hat sich der entwickelt? Ist auch so ne Kennziffer. Wie hat sich der private Verbrauch entwickelt? (Pause) Marlen!

S: Ja, der ist auch gestiegen.

L: Hm, könnten wir das irgendwie konkret machen?

S: Ums vierfache vielleicht?

L: Ums vierfache? In den fünfziger Jahren?

S: Ehm, nee. Äh, …

L: Pi mal Daumen (L. zeigt Daumen), grob gesagt?

S: Die Hälfte.

L: Ja, wie nennt ma das dann, es ist…?

S: Verdoppelt.

L: Verdoppelt, ja, verdoppelt, wir können sogar sagen mehr als verdoppelt. (…) Das Einkommen, was die Leute im Portemonnaie hatten? (…)

S: Hat sich verdoppelt.

L: Hat sich verdoppelt. Innerhalb von zehn Jahren verdoppelt. (…) Die Zahl der Erwerbstätigen? Das heißt, Menschen die nen Job hatten. Annika!

S: Ja, die ist gestiegen, also extrem, sechs Millionen.

L: Wie viel mehr geworden?

S: 6 Millionen.

L: Ja, schreiben wir einfach so, plus 6 Millionen Menschen(…) Wie hoch war die Arbeitslosenquote? Wie hat sich die entwickelt? Die Zahl der Arbeiter, die keine Arbeit hatten? Gibt man ja in Prozent an. Lisa!

S: Die ist doch um zehn Prozent gesunken.

L: Um zehn Prozent gesunken. Das heißt also von…?

S: Zehn Prozent weniger.

L: Zehn Prozent weniger, also von elf Prozent auf zehn Prozent?

S: Nä.

L: Jetzt haben wir ein mathematisches Problem. Ne? Ich würde sagen, es sind tausend Prozent. Wie können wirs anders ausdrücken? (…)

S: Sind auch auf 1,3 Prozent gesunken.

Es folgen noch Fragen über Urlaubstage und Arbeitszeit, doch schon dieser kurze Ausschnitt verdeutlicht das Abprüfen aller auf dem Arbeitsblatt zu findenden Daten, bevor anhand dieser Messgrößen den Schülern eine Bewertung, wie sich diese Entwicklung der Daten denn anhöre, abverlangt wird. Um ein fundiertes Urteil über die wirtschaftliche Entwicklung geben zu können, ist eine ausreichende Datenmenge erforderlich und wird auf diese Weise zügig durch Schüleräußerungen gewonnen.

Auffällig ist das kleinschrittige Frageverhalten des Lehrers, das sich oft an die Äußerung einer allgemein leitenden Frage anschließt. So stellt die Lehrperson beispielsweise vor der Einzelarbeitsphase die Leitfragen, „Wie war das möglich, dieses Wirtschaftswunder?", oder „Was waren die Ursachen, die Gründe?" und gibt den Lernenden so eine Richtung, eine Orientierung über den Sinn des nächsten Unterrichtsabschnittes vor. Gleichzeitig stehen diese Leitfragen durch die Erarbeitung in Verbindung zu dem zuvor besprochenen Inhalt. Um die Fakten und das gerade neu erworbene Wissen zusammenzutragen, bedient sich der Lehrkörper kleinschrittigen, wenig anspruchsvollen Fragen. Ist ein Themenkomplex abgearbeitet, so wird auf Grund des anschließenden Lehrervortrags das bisher Gesammelte kurz zusammengefasst, eine neue Denkrichtung durch Leitfragen vorgegeben und in die neue Arbeitsphase übergegangen. Dabei vermeidet der Pädagoge Feedback über das Verständnis der Schüler von dem bisher Erarbeiteten einzuholen und diese den bisherigen Prozess zusammenfassen zu lassen. Eine kurze Lernwegbeschreibung würde an dieser Stelle die metakognitiven Kompetenzen von Schülern fördern und gleichzeitig ein kognitives Netzwerk von Begriffen und Entwicklungspfaden anlegen.

Zum weiteren Antrieb des Unterrichtsverlaufs und als kritische Anmerkung zu für den Schüler vermeintlich richtigen Antworten nutzt der Lehrende „Fragen zur Konversationskontrolle", deren lenkende Funktion von ihm gewinnbringend in den Unterricht integriert werden können. Durch diese Art der Lenkung ist es dem Lehrkörper allerdings auch möglich, die einzelnen Kategorien und Begriffe klar zu trennen und eine Struktur im Unterrichtsverlauf beizubehalten. Ob die Lerngruppe diesen „roten Faden" von der Interessensweckung und Stundenthema-Erarbeitung mittels Karikatur, der Erarbeitung der wirtschaftlichen Entwicklung der fünfziger Jahre, der Herausarbeitung der Ursachen für diese Entwicklung und der abschließenden Betrachtung der für diese Zeit stehenden Personen Erhard und Müller-Armack sowie das Wirtschaftssystem der Sozialen Marktwirtschaft erkennt, bleibt offen und kann anhand der mangelnden Schüleräußerungen und dem fehlenden Rückblick auf den Stundenverlauf aus Sicht eines Schülers nicht erörtert werden. Festzuhalten gilt, dass dieser Aufbau im Unterricht von einem Beobachter zu erkennen ist, von den befragten Schülern im Interview allerdings nicht im Entferntesten genannt wird.

6.2.7 Klärung problematischer Kategorienzuordnungen

Nicht alle vom Lehrer an die Lerngruppe gestellten Fragen konnten eindeutig einem Fragentyp zugeordnet werden und wurden dennoch innerhalb des Kontextes spezifiziert, bedürfen hier aber einer näheren Erläuterung.

Frage 20 wurde vom Autor als eine Zusammenhangsfrage charakterisiert, da nach den vorhergehenden Fragestellungen von Seiten der Schüler nun von diesen selbst Antworten auf die an die Karikatur gestellten Fragen gegeben werden sollen. Anhand der gestellten Fragen sollte den Schülern der Zugang zu der Karikatur erleichtert und damit dem Gedankenprozess über die Aussage, die in der Karikatur versteckt ist, weiter initiiert werden. Die Abfolge aus Schülersicht, selbst Fragen zu überlegen, diese für sich zu verknüpfen und schließlich eine mögliche Interpretation über die Aussage der Karikatur laut zu äußern, sollte – nachdem der Lehrkörper langes Schweigen feststellte – anhand der Zweiteilung dieses Prozesses erleichtert werden. Somit bildet Frage 20 den Schnittpunkt zwischen Stellung und Beantwortung der Schülerfragen als Hilfe zur Annäherung an die Aussage der Karikatur und damit den Zusammenhang des Dargestellten zu den politisch-gesellschaftlichen Ereignissen der fünfziger Jahre sowie die Stellung von Ludwig Erhardt in den politischen Entscheidungen dieser Zeit. Eine Alternative zu dieser Einordnung könnte die Kategorie der „Prozessfragen" sein, deren Augenmerk verstärkt auf die Entstehung und Entwicklung von Prozessen rekurriert und hier vom Schüler das Vorhandensein der Hintergrundinformationen über die Entwicklungen jener Zeit hervorzurufen versucht. Streng genommen ist es der Lerngruppe nicht möglich, die von ihnen selbstständig gestellten Fragen auch selbst zu beantworten, da ihnen, wie aus dem weiteren Verlauf des Unterrichts deutlich wird, jegliche basalen Informationen über die Geschehnisse in den fünfziger Jahren in der Bundesrepublik Deutschland fehlen.

Die Fragen 21 und 22 können ebenso in zweifacher Weise auf unterschiedliche Fragetypen hindeuten. Als Einordnung wurde der Typ der „Ziel- und Motivfrage" bevorzugt, da primär auf das Verständnis der Aussage dieser Karikatur und dem damit zu entdeckenden Widerspruch abgezielt wird. Allerdings ist wie bei Frage 20 in dieser Lehräußerung ebenso ein Verweis auf das Erkennen und Darlegen von Prozess- und Zusammenhangswissen versteckt, der allerdings an dieser Stelle nicht im Vordergrund zu stehen scheint. Aufmerksamkeit soll bei den Schülern durch den wohlgenährten Mann, der über den Ruinen des Nachkriegsdeutschlands abgebildet ist, hervorgerufen und der Widerspruch, wie dies den in solch schlechten Zeiten sein kann, erzeugt werden.

Frage 34-36 wurden vom Lehrkörper an eine Gruppe während der Gruppenarbeitsphase gerichtet und haben in diesem Kontext vor allem eine Aufmerksamkeits- und Festigungsfunktion des schon zuvor an die ganze Klasse gerichteten Arbeitsauftrages. Dieser wurde unter den Fragetyp der Methode gefasst, so dass auch diese gruppenspezifisch ausgerichteten Fragen unter diesen Typ subsumiert werden, da auf die Aktivierung von Lösungsansätzen von zuvor ähnlich bearbeiteten Problemlagen abgezielt wird und die Motivation zur eigenen Gedankenkonstruktion geben werden soll. Der alternative Typ der „Konversationsfrage" tritt hier also in den Hintergrund.

Bei Frage 64 kann auf Grund der Frageintention sowie der sprachlich-melodischen Ausgestaltung des Frageaktes seitens des Lehrers vom Autor nicht eindeutig auf eine Fragekategorie geschlossen werden. Im Kern trägt diese Frage den Charakter einer rhetorischen Äußerung, derer der Schüler nur mit einer Verneinung begegnen kann, im gleichen Zuge jedoch die richtige Antwort nennt und damit seine Entscheidung abzusichern versucht. Somit dient diese Lehreräußerung zum einen der Lenkung der Aufmerksamkeit auf einen neuen Aspekt, nämlich den der Arbeitszeit, und zum anderen der Präsentation von zuvor herausgearbeiteten Fakten, nämlich den der Arbeitszeitverkürzung um vier Stunden.

6.2.8 Fazit über die beobachtete Stunde

Hoher Redeanteil des Lehrers (88%), hohe Fragefrequenz (außerhalb der Gruppen- und Einzelarbeit alle 18,2 Sekunden), überwiegend Fakten- und Elementarfrage und deshalb ein niedrig angesprochenes kognitives Niveau, starke lehrerzentrierte Gesprächsführung und nur wenige mündliche Beteiligung der Schüler lassen den Unterricht nur schwer in ein positives Licht rücken. Allerdings kann anhand des Klassenklimas, dem freundlichen Umgang des Lehrenden mit seiner Gruppe sowie den kurzen, aber lustigen und alle erheiternden Momente auf einen respektvollen und wertschätzenden Umgang der Klasse mit dem Lehrer und vice versa ausgegangen werden. Eine freundliche Atmosphäre sollte bezüglich dem Fortgang des Lernens nicht außer Acht gelassen werden, trägt sie doch zur Verbesserung der Motivation und Einstellung im Hinblick auf den zu behandelnden Stoff bei. Nichtsdestotrotz bleibt die negative Komponente an der Art der Fragestellung erhalten. Diese nur auf ein geringes kognitives Niveau – nach Niegemann/Stadler (2001) Stufe 0 – abzielenden Fragen helfen keineswegs das Leistungspotential der Schüler anzuheben und diese weiter zu fordern. Wie aber im Wortprotokoll (Z. 341) nachzulesen ist, will die Lehrperson Fakten zusammentragen und damit weniger auf historische Zusammenhänge, also für den Schüler zur Einordnung der nun gefunden Daten wichtige Verknüpfungspunkte, eingehen, da dies im Geschichtsunterricht erfolgen wird. Nun wird diese Einführungsstunde, die zudem früher geplant und auf Grund der Krankheit des Lehrers verschoben wurde, wohl auch deswegen in der quantitativen wie qualitativen Auswertung in dem bekannten Maße abgeschnitten haben. Obwohl diese Gemeinschaftskundestunde gezielt geplant und durch-geführt wurde und keineswegs eine Stunde im Alltag der Schule symbolisiert, konnten dennoch Ergebnisse, die denen der bisherigen Forschung entsprechen, erhoben werden. Eine weniger straff durchorganisierte, mehr für Schülerbeiträge raumlassende und geringer auf die Lehrperson ausgerichtete Unterrichtsführung könnte eine deutliche Anhebung des kognitiven Niveaus von Lehrerfragen bedeuten, die dann überwiegenden moderativen Charakter haben, Schülerbeiträge bündeln und weitere, offene Denkimpulse setzen können. Eine Diskussion kann so initiiert werden und damit Schülern mehr Raum zu eigenen zusammenhängenden Äußerungen und Darstellung von Problempunkten geben.[41]

Interessant zu beobachten ist auch die unterschiedliche Auffassung der Gruppenarbeitsphase. Der Lehrer wählte die Gruppenarbeit auf Grund der „sozialen Komponente" und dem möglichst schnellen Auffinden des „richtigen Wegs", ohne dass der Schüler, dem es an Auswertungsmethoden und -erfahrung von Statistiken mangelt, unnötige Umwege geht. Die Schüler fanden es gut, sich nochmals kurz austauschen zu können und „andere Meinungen" zu hören. Für den Beobachter stellt sich jedoch die Frage, warum gerade bei dem Vergleich von Zahlenmaterial eine Gruppenarbeit angemessener sein soll als bei der Herausarbeitung und Erklärung von Gründen für die wirtschaftliche Entwicklung. Diese Arbeit wurde in Einzelarbeit vollzogen, wobei hier den Schülern mit relativer Sicherheit einige Gründe nicht schlüssig waren und in einer Gruppe eventuell hätten geklärt werden können. Für den Lehrer haben beide Methoden weitestgehend funktioniert, der aufmerksame Beobachter sieht jedoch, dass gerade in der Gruppenarbeitsphase nicht in allen Gruppen über die Statistik geredet, sondern vielmehr anderweitige Aufgaben erledigt wurden. Auffällig bleibt die Methodenwahl, die auch für das Frageverhalten nicht unbedeutend ist. Es ist davon auszugehen, dass bei einer Gruppenphase zur Erarbeitung der Gründe des Wirtschaftswunders bei den Lernenden Fragen entstanden wären, die sie untereinander hätten vordiskutieren können. Wären diese dann in das Lehrer-Schüler-Gespräch hereingetragen worden, so hätte ein Unterrichtsgespräch auf kognitiv höherem Niveau stattfinden können, insofern der Lehrer den Ablauf bei der Auswertung der Ergebnisse etwas modifiziert und den Schülern mehr Freiraum gegeben hätte. Das Zahlenmaterial, das vorwiegend der Bewusstseinsschaffung über die realen Zuwächse respektive Abnahmen bestimmter Messgrößen dient, kann nur im Reproduktionsverfahren gesammelt und notiert werden. Hierbei ist ein fruchtbares Unterrichtsgespräch nur schwer vorstellbar, sind es doch historisch gegebene Größen, die kaum Konfliktpotential hervorrufen. Allerdings ist es schwer bei solch großen Lücken auf Seiten der Schüler hinsichtlich der histori-

---

41   So stellte auch Dillon (1985, vgl. S. 109 und S. 118) fest, „that teacher questions foil discussion, whereas nonquestion alternatives foster discussion." Unter Alternativen versteht Dillon u.a. "declarative statement to reflect the students view or to express the teacher's own view of the matter; invite and use questions from the speaker or others; yield the turn to a second student; or maintain an appreciative deliberate silence until the original speaker resumes or another enters in" (ebd., S. 112).

schen Entwicklungen ein Unterrichtsgespräch zu initiieren, da es schnell an einen Punkt gelangen wird, an dem die Lernenden nicht mehr weiterwissen. Innerhalb der Gruppenarbeitsphase mit eventueller Diskussion über die gefunden Punkte wäre die Klasse aber aus der eher reaktiven, rezeptiven und folgenden Haltung herausgelöst und in eine – zwischen den Gruppen sicherlich differenzierten – kognitiv anspruchsvolleren Ebene eingedrungen.

Die gewonnen Daten aus diesem Fallbeispiel korrelieren positiv mit den publizierten Angaben der Forschungsliteratur. Rowe sowie Gage und Berliner (siehe Kapitel 3.5) stellten eine durchschnittliche Wartezeit von ein bis zwei Sekunden fest, in unserem Beispiel fallen 72 der 91 Fragen in diese Zeitspanne. Wie am Unterrichtsverlauf und der Beteiligung der Schüler am Unterrichtsprozess zu erkennen ist, können die negativen Auswirkungen solch einer Gängelung durch Fragen beobachtet werden. Dem Problemdurchdringungsprozess und damit dem Abschluss des eigenen Gedankens des Schülers wird zu wenig Raum gegeben. Auch die Fragenanzahl sowie die Fragefrequenz können in die Forschungsdaten (siehe Kapitel 3.7.1) eingeordnet werden, ohne aus der Statistik als Extremwert heraus-genommen werden zu müssen.

Der hohe Redeanteil des Lehrers lässt den Schülern nur wenig Raum für eigene Fragen. So werden in der beobachteten Stunde drei Fragen von Schülern an den Lehrer gestellt (Z. 103, Z. 259, Z. 299), wobei die zweite Frage eine Verständnisfrage darstellt, die auf eine deutlichere Wiederholung der vom Lehrer geäußerten Frage abzielt.[42] Auch diese Werte korrelieren positiv mit den bisher veröffentlichten Forschungsbefunden. 22% aller Fragen wurden direkt an einen Schüler gerichtet (Individualfragen), wenn auch die meisten Fragen im Dienst als „Folgefragen" zur Konkretisierung der bisherigen Antwort des Schülers dienen. 78% der Lehrerfragen wurden also an die ganze Klasse gestellt und damit jedem Mitglied der Lerngruppe eine Beteiligung am Unterrichtsgeschehen eingeräumt. Dass diese Beteiligung, wie weiter oben schon erwähnt, durch modifiziertes Lehrerverhalten gesteigert werden kann, soll hier nicht unerwähnt bleiben.

---

[42] Wie Sembill/Gut-Sembill (2004, vgl. S. 330f.) in ihrer Untersuchung feststellen konnten, befreien Schülerfragen die Lernenden aus ihrer Passivität im Unterricht, haben positiven Einfluss auf Werte im emotionalen, motivationalen wie auch kognitiven Selbsterleben, welche sich wiederum positiv auf Schülerleistungen auswirken. Hinzuzufügen ist noch die Einübung metakognitiver Kompetenzen, da Schüler ihre eigenen Wissensdefizite erkennen, zur Behebung dieser Defizite passende Frage stellen und zum Teil schon eigene Vermutungen bzw. Lösungswege angeben. Gerade zur letztgenannten Feststellung sind allerdings die gegenteiligen Untersuchungen von Holzkamp (1993) und Graesser/Person (1994) anzufügen (siehe Fußnote 35).

7 Das Gespräch im Politikunterricht

Welche Auswirkungen haben solche Tendenzen der Lehrerlenkung und Fragegängelung im Politikunterricht und was zeichnet eine Gesprächssituation im Politikunterricht eigentlich aus? Oder anders gefragt: Was ist das spezifisch Politische im Politikunterricht und inwiefern ist hier eine gute Kommunikationskompetenz von Nöten? Massing (2005, vgl. S. 498) hat auf die Vernachlässigung der Untersuchung des „*normalen* Gesprächs" im Politikunterricht innerhalb der politischen Bildung und der Politikdidaktik hingewiesen. Neben dem Inhaltsaspekt kann in der Kommunikationssituation des Unterrichtsgesprächs auch die Ebene des Beziehungsaspektes beobachtet werden. Hierbei ist meist von unterschiedlichen Positionen des Lehrenden und der Lernenden auszugehen (Weißeno 2006, vgl. S. 49), wobei letztere dem geplanten Unterrichtsverlauf zunächst passiv folgen und nur vage wissen, um was es in der folgenden Stunde gehen wird (ähnlich Giesecke 1973, vgl. S. 128). Diese unterschiedlichen Rollen können zu Konflikten führen und bedürfen stets einer neuen Übereinkunft, nach der das weitere Verfahren und die dabei geltenden Regeln festgesetzt werden (Metagespräch). Ein wesentlicher Moment politischer Bildung ist nach Massing die sprachliche Fähigkeit zum Dialog, wenn auch damit die Gespräche aller anderen Fächer miteingeschlossen werden, die ebenfalls auf dieses Ziel hinarbeiten (Massing 2005, S. 501f.). Das spezifisch Politische am Gespräch erreicht „politische Bildung, die neben sprachlicher Kompetenz auch Selbstbestimmung und politische Beteiligung anstrebt" und das Unterrichtsgespräch so organisieren muss, „dass es vor allem ein Ort *gemeinsamen* Problemlösens und *diskursiver* Verständigung ist" (ebd. S. 502; Weißeno 2006, vgl. S. 51). Da das Politische selbst ein sprachliches Konstrukt von Gedanken und selektiver Wahrnehmung der Wirklichkeit des jeweils Sprechenden darstellt und subjektive Theorien sowie Ansichten hier ihren Niederschlag finden, ist es eine wichtige Aufgabe des politischen Lernens, diese zu Grunde gelegten Annahmen ideologiekritisch zu hinterfragen und das Unterrichtsgespräch sowie die vorgelagerte politische Sprache zum Gegenstand der Auseinandersetzung zu machen.

Weißeno (2006, vgl. S. 54; ähnlich Giesecke 1976, vgl. S. 48) sieht in allen Formen des Lehrgesprächs oder des fragend-entwickelnden Unterrichts keine Situation des gegen-seitigen Informierens oder des Meinungsaustausches. Momente des „direktiven Unterrichts" und des „Drills" seien hier vorherrschend und damit eine Erfüllung diskursiver Verständigung nicht möglich, womit der Kommunikationsprozess eine „Einbahnstraße" sei. Meyer sieht im gelenkten Unterrichtsgespräch „ein unökonomisches und unehrliches, die Herrschaftsverhältnisse im Unterricht verschleierndes Handlungsmuster" (Meyer 1987b, S. 287)

Den in diesem Abschnitt genannten Ansprüchen kann ein Unterrichtsgespräch nicht gerecht werden, Störungen der Kommunikation zwischen Lehrenden und

Lernenden sind meist gegeben und äußere Umstände struktureller Art (45-Minuten Takt, Themenvorgabe etc.; siehe Bittner 2006, S. 23f.) erschweren eine gewinnbringende Anwendung des Unterrichtsgesprächs. Anhand der aus dem Fallbeispiel gewonnen Daten wird in Verbindung mit den bisherigen Ausführungen zum Unterrichtsgespräch im Politikunterricht und dem spezifisch Politischen deutlich, dass auf Grund der starken Dominanz des Lehrers solch eine diskursive Auseinandersetzung schon zu Beginn der Erarbeitung des Stoffes im Ansatz unterbunden wird. Weder beziehen sich die Schüler gegenseitig auf ihre Beiträge noch findet überhaupt eine Gesprächsform statt. Die Rollen sind klar festgelegt (komplementärer Dialog), der Lehrer weiß um den Gang der minuziös geplanten Unterrichtsstunde und reduziert die Beiträge der Klasse durch seine Fragestellungen auf Ein-Wort-Antworten oder Darlegung empirisch gewonnener, aus dem Text beziehungsweise der Tabelle zu extrahierender Fakten. Der Umstand, dass diese Stunde eine Einführung in ein neues Themengebiet (soziale Marktwirtschaft) darstellt, bedingt diesen Aufbau des fünfundvierzig minütigen Unterrichts. Doch muss auch Folgendes ergänzt werden: Die Schüler hätten innerhalb dieses Lernarrangements keine wesentlichen Vorteile aus einem Unterrichtsgespräch ziehen können, da sie diese Thematik noch nicht in ihren Wissensschatz aufgenommen haben. Eine Erzwingung dieser Kommunikationstechnik hätte bei der dieser Stunde zu Grunde gelegten Planung den Schülern nicht weitergeholfen, hätten sie doch selbst kaum etwas zu ergänzen gehabt. Der Lehrer würde unter dieser Bedingung die Schülerbeiträge selektieren, zurückweisen oder umfunktionieren müssen, so dass sie in sein geplantes Konzept eingebunden werden können. Diese Form der Kommunikation ist manipulativ und damit als problematisch einzustufen. Wie bereits weiter oben erwähnt, hätte die Gruppenarbeit – wäre sie auf den Text angewendet worden – als Lernarrangement die Schüler aus der passiven Haltung befreit und in einen aktiven Austausch von eventuell aufkommenden Problemlagen und –feldern geführt. Es unterbleibt selbst am Ende eine „sinnstiftende und vernetzende Bedeutungsentfaltung" in Form des gemeinsamen Reflektierens und Zusammenfassens (vgl. Rosenbach 2008), dies absolviert der Lehrkörper lieber im eigenen Vortrag. Positiv ist seine Orientierung an den Kategorien „Ursachen" und „Gründe" herauszustellen, derer sich die Schüler in einer selbstständigen Zusammenfassung des in der Stunde erarbeitenden Stoffes hätten weiter annähern und für sich konkreter fassen können, so dass sie für zukünftige methodische Herangehensweisen im Wissensnetz implementiert und transferierbar gewesen wären.

8 Fragetechnik – eine professionelle Schlüsselkompetenz des Pädagogen?

Im Fazit des vorangegangenen Kapitels ist es bereits angeklungen: Auch heute noch scheint das Potential, das in der Stellung der Lehrerfrage ruht, nicht ausreichend erkannt und genutzt zu werden. Staunen als ein wesentlicher Moment, den Lehrerfragen hervorrufen können, wird im Unterricht zu oft durch Nutzung der Frage in Form der Faktensicherung und Festigung des Gelernten verwendet (Petersen/Sommer 1999, vgl. S. 126ff.). Verunsicherungen, Widersprüche und Ungereimtheiten können zwar ausgelöst werden, doch das „tiefere Verhältnis zur Welt" entsteht erst durch das Staunen über die Natur, über die Gegebenheiten (ebd. S. 124ff.). Wie die Ergebnisse der Untersuchungen in der Forschungsliteratur und die Resultate des in dieser Arbeit angeführten Fallbeispiels erkennen lassen, liegt für den Pädagogen die bedeutendste Aufgabe der Frage in der Generierung von Wissen in Form von reinem Faktenwissen oder in dem Rezitieren bereits gelernter Stoffinhalte. Das dem Lehrenden bei dieser Sicht ein großes Potential an kreativen Ideen, für ihn nicht sichtbarer Lösungsansätze und kognitiv anspruchsvollen Diskussionen innerhalb der Unterrichtszeit entgehen, scheint er nicht zu wissen oder nicht erkennen zu können. Auf die Frage, warum Lehrer eigentlich so viele Fragen stellen, bieten Becker/Clemens-Lodde/Köhl (1980, vgl. S. 101f.) drei wesentliche Gründe: Erstens seien viele Lehrpersonen der Ansicht, den Unterricht in Gesprächsform durchführen und dabei im Mittelpunkt stehen zu müssen, wobei dieses Verhalten durch diverse Unterrichtsformen wie Gruppenarbeit, Abschlussgespräche mit der Klasse oder zum Beispiel der Präsentation eines Films minimiert werden könnte. Eine Rechtfertigung der Frage sehen die Autoren bei dem Erlernen von Fakten, der Internalisierung einfacher Operationen oder Sprachmuster, der Steigerung des Übungsumsatzes oder dem Training der Merkfähigkeit. Grell (2002, vgl. S. 38) sieht Kreativität nur auf einem breiten Fundament von Wissen erwachsen. „Auswendiglernen ist keineswegs das stumpfsinnige Muster, zu dem es in der Literatur so oft gemacht wird. Im Gegenteil: Auswendiglernen ist der Nährboden für alle »höheren« kognitiven, emotionalen, sozialen Leistungen. Verachten wir das Auswendiglernen von »Fakten« und das Trainieren von Können, dann brauchen wir uns nicht zu wundern, wenn wir nicht allzu viel Kreativität bei unseren Schülern wecken" (ebd., S. 39). Zweitens würden die im Kapitel 3.1 genannten Funktionen der Lehrerfrage die häufige Verwendung derselben im Unterricht bedingen und drittens könnte die hohe Fragedichte aus der mangelnden Auseinandersetzung mit der didaktischen Funktion der Frage resultieren, womit eine Konzentration auf die für den Lehr-Lern-Prozess notwendigen Fragen nicht gegeben sei.

Der dritte Punkt bedarf einer differenzierteren Betrachtung. Wann und wie lernen angehende Lehrkräfte in ihrer universitären und darüber hinaus gehenden

Ausbildung gezielt, auf welche Art und Weise Fragen zur Erreichung bestimmter Unterrichtsziele und Formung sozialer Verhaltensweisen bei Schülern dienen? Welche Funktion erfüllt die von mir an meine Lerngruppe gestellte Frage und wie komme ich eventuell mit weniger Äußerung meinerseits aus?

Wie Tausch/Tausch (1973) in ihren Untersuchungen feststellten, so konnte auch Nickel (1974, S. 49) ein stabiles Verhaltensmuster bei Lehrern beobachten, das „teilweise auf weit zurückliegenden Lernerfahrungen, nicht zuletzt auf solchen, die während der eigenen Kindheit und in der späteren Ausbildung bzw. in der bisherigen Berufspraxis erworben wurden" zurückreicht. Als wesentliche Einflussgröße auf die Art und Weise und Intensität der Unterrichtslenkung konnte Nickel äußere Faktoren erkennen, wobei durch methodisch-didaktische Variablen (z.B. unterschiedliche Unterrichtsformen) diese Lenkung durch Lehrerfragen reduziert werden kann (ebd., vgl S. 48). Wenn diese Feststellung zu den markanten Gegebenheiten des Lehrerverhaltens beiträgt, dann ergeben sich daraus für die Aus- und Weiterbildung von Lehrern bedeutende Konsequenzen. Während einige Lehrpersonen auf Grund ihrer Einstellung gegenüber der Lerngruppe in der dargestellten Weise reagieren, bedürfen diese einer Änderung der Persönlichkeitshaltung, wohingegen jene, deren Zugang zu Schülern leicht ist, mit einer gezielten Trainingseinheit und der Reflektion über die Möglichkeiten der Fragestellungen eine Verbesserung erreichen könnten. So schrieb Nickel schon 1974, dass es in der Lehrerausbildung und Fortbildung darauf ankommt, „eine sinnvolle Verbindung von kognitiver Auseinandersetzung, systematischem Training in speziellen Seminaren und einer kontrollierten Erfahrungsbildung in der realen Situation zu ermöglichen." Es wäre aber falsch, „Training und praktische Erfahrungsbildung allein in die zweite Ausbildungsphase verlegen und die Zeit des Studiums allein der kognitiven Auseinandersetzung mit den vorliegenden Forschungsergebnissen vorbehalten zu wollen", weshalb entsprechende Trainingskurse „in Zukunft zu einer selbstverständlichen Einrichtung der Ausbildung aller Lehrgruppen werden" sollte (ebd., S. 49f.). Wie steht es nun, 36 Jahre nach dieser Forderung, mit der universitären Ausbildung von Lehramtsanwärtern? Aus eigener Erfahrung kann berichtet werden, dass bisher in keinem Semester während der Lehramtsausbildung Seminare bezüglich der Aneignung und didaktischen Reflektion des Fragestellens im Unterricht angeboten wurden. Da die Lehrperson, wie eindrücklich anhand der Zahlen in der Einleitung angedeutet, in dem Vorgang des Fragestellens eines der Hauptinstrumente des Lehrerverhaltens gebraucht, wird dieser Kompetenz mit der mannigfaltigen Wirkung auf den Unterrichtsprozess sowie die Entwicklung von Schülern keine Beachtung geschenkt. Innerhalb der Seminare, deren Einzelthemen oft ein breites Spektrum pädagogischer Inhalte abdecken, fand sich bisher kein Verweis auf die Fragekompetenz des Lehrers. So fordert auch Smolka (2002, vgl. S. 11) eine um didaktisch-methodische und schulpraxisnähere fachliche Ausbildung, in deren Zentrum der Erwerb von Schlüsselkompetenzen wie zum Beispiel Kooperationsfähigkeit, Konfliktfähigkeit und Medienkompetenz gerückt werden sollte, wobei der Erwerb eines umfassenden Methodenrepertoires ebenso wichtig für „die *abwechslungsreiche* und *anspruchsvolle* Gestaltung von Lernprozessen für Schüler unterschiedlicher Leistungsstärke" (Hervorhebungen M.L.) ist. Versteht sich der angehende Lehrer heute als ein Moderator, dessen Aufgabe in der Begleitung des Lernprozesses des Schülers liegt, darf diese Schlüsselkompetenz der Gesprächsführung – deren Wichtigkeit selbst im alltäglichen Umgang mit Mitmenschen nicht zu unterschätzen ist – im Studium nicht in diesem derzeitigen Ausmaß vernachlässigt werden. Das alltägliche „Handwerkszeug" einer Lehrperson ist und bleibt das Gespräch, dessen Funktion in der Problemerörterung und Wissensvermittlung besteht und um dessen Lenkungs- und Wirkungsweisen gegenüber dem Gesprächspartner es einzuschätzen gilt.

Interessant zu beobachten ist die fehlende Auflistung des Begriffs „Schlüsselkompetenz" in Lexika und Handbücher für die pädagogische Bildung. Da dieser Begriff zum einen in der Themenstellung dieser Arbeit, zum anderen aber auch in der allgemeinen bildungspolitischen Debatte genannt wird, müssen wir uns ihm über dessen Zerlegung in „Schlüsselqualifikation" und „Pädagogische Kompetenz" annähern. Letzteres definiert Paschen (1999, S. 303) wie folgt: „Pädagogische Kompetenz umfasst daher die Eignung voraussetzende und Erfahrung ermöglichte wissenschaftliche Erkenntnis und Kenntnis pädagogischer Alternativen, genauer der Systematik ihrer praktischen, intendierten und wirksamen Differenzen im Hinblick auf aktuell zu begründende Entscheidungen sowie die Befugnis dazu, bzw. den Anspruch auf diese Befugnis." Und weiter: „Aber erst die pädagogische Kompetenz erkennt Ansätze, Techniken, Intentionen als pädagogische Alternativen, d.h. als alternative Pädagogiken. Mittel wie Lehrerfrage oder Spiel, [...] enthalten wie allgemeine und spezielle Pädagogiken jeweils eine differente Welt von Arrangements mit ihren Lern- und Lehrvorstellungen, Zielen, Menschenbildern, Raum- und Zeitgestalten, Materialien, Wirksamkeiten, Ausbildungsformen und Evaluationen" (ebd., S. 304). Eine Sensibilisierung für diese Verknüpfung von Techniken des Lehrerverhaltens mit den im Unterricht vorfindbaren Faktoren wie Lerngruppe, Material, räumliche Gegebenheit etc. ist für eine kritische Reflexion des eigenen Verhaltens unerlässlich. Erst mit diesem Bewusstsein ist eine Schaffung von Alternativen möglich, und so auch ein alternativer Umgang mit der eigenen Fragekompetenz.[43] Schlüsselqualifikationen werden bei Böhm (2002, S. 472) als „Kompetenzen und Kenntnisse, die es ermöglichen, auf schnell wechselnde Situationen und Anforderungen zu reagieren und neue oder unvorhergesehene Aufgaben zu bewältigen" charakterisiert. Hinzu kämen nach anfänglicher ausschließlicher Berücksichtigung kognitiver Kompetenzen nun auch soziale Kompetenzen wie Kommunikations- und Kooperati-

---

[43] Helmke sieht in der Bereitschaft zur Selbstkontrolle und –verbesserung ein Schlüssel des „professionellen Selbstverständnisses" (Helmke 2007, vgl. S. 14).

onsfähigkeit (siehe auch Weinert 2000, S. 7). Diese Erfordernisse unserer technisch-wissenschaftlich ausgerichteten Gesellschaft lassen es für die Ausbildung künftiger Bürger unerlässlich erscheinen, Kommunikationskompetenzen auszubilden und ihnen beizubringen. Diesem Bildungsauftrag wird die Schule nur gerecht werden, wenn sie innerhalb ihrer Institution Raum zur eigenen Entwicklung und Ausformung sozialer Verhaltensweisen lässt. Sich angemessen zu artikulieren, Interessen und Meinungen zu äußern, zu vertreten und zu verteidigen, argumentativ zu untermauern und gleichzeitig an weiterführenden Ideen, diversen Sichtweisen zu partizipieren, stellen in diesem Zusammenhang wichtige Lernmomente dar. Neben dem stets neu herzustellenden Bezug zwischen dem eigenen Handeln und Denken wird das „Ich" immer auf das „Du" gegenüber zu sehen sein und fördert auf diese Weise die soziale Einordnung und somit die Soziabilität.

Auch wenn sich diese Arbeit nur einem kleinen, dem Autor nach aber einem sehr wichtigen Ausschnitt des alltäglichen Unterrichts widmet, so versucht sie an die eben genannten Kompetenzen anzuschließen bzw. ein vorgelagertes Moment, nämlich jenes der Fragengenerierung von Lehrer sowie dem in Fragen „schlummernden" Potential näher zu kommen, die Chancen dieser kommunikativen Äußerungen näher zu betrachten und für die zukünftige Verwendung im schulischen Bereich nutzbarer zu gestalten.

Ein kurzer historischer Abriss zu Beginn der Arbeit hat über die Entwicklung und dem der Lehrerfrage beigemessenen Stellenwert eine Übersicht über die schon seit Jahrhunderten aus dem Unterricht nicht mehr wegzudenkende Lehrerfrage gegeben. Die Abkehr von reiner Faktenreproduktion auf Seiten der Schüler (Bücher waren in Frage und Antwort verfasst, wobei Schüler nur die Antworten auswendig lernen mussten), die allmähliche Nutzung der Fragetechnik zur Anregung von Denkprozessen bei Schülern bis hin zur Kritik von Hugo Gaudig und den anschließenden Reformpädagogen, die das ganzheitliche Lernen stärker in den Vordergrund rückten und dem Schüler mehr Freiraum und selbstständiges Arbeiten überließen, wurde nachgezeichnet.

Wie mit den unterschiedlichen Aspekten der Fragetechnik, deren Bedeutung für die Verwendung von Fragen es nicht zu vernachlässigen gilt, herausgearbeitet wurde, sollte sich die Lehrperson im Kontext der jeweiligen Unterrichtsphase stets der Funktion der gewählten Frage und der angemessen Syntax bewusst sein und versuchen, auf eine angemessene Anwendung zu achten. Fragenfolgen auf horizontaler und vertikaler Ebene könnten wesentlich zu einer besseren Kommunikation und Mitarbeit der Schüler im Unterricht beitragen.

Ein Überblick über verschiedene Klassifizierungen von Fragetypen – der bei Weitem noch nicht vollständig ist – zeigte die Möglichkeiten zur unterschiedlichen Beobachtung von Unterrichtsstunden mit je differenzierenden Schwerpunktsetzungen aus. In diesem Zusammen-hang wurde auf das Schema von Henkenborg hingearbeitet, das für den zweiten praktischen Teil dieser Arbeit als Grundlage diente. Dieses Schema hat den Vorteil, für den Unterricht von Politik und Wirtschaft ausgearbeitet worden zu sein und keine allgemeine, fächerübergreifende und allseits anwendbare Matrize darzustellen. Die Einteilung von Henkenborg wurde gegenüber den Fragentypen von Petersen/Sommer bevorzugt, da eine genauere Erfassung der Lehrerfragen im Politik- und Wirtschaftsunterricht zu erwarten war. Zudem sollte durch die Verwendung dieses Schemas mögliche Schwierigkeiten, aber auch Stärken aufgezeigt werden, die eine Weiterentwicklung und Beibehaltung sinnvoll erscheinen lassen.

Für eine Bewertung der Fragetechnik eines Pädagogen ist auch die von ihm zur Beantwortung einer Frage zur Verfügung gestellte Zeit ein wesentliches Charakteristikum. Dabei ist den Schülern gerade bei kognitiv anspruchsvollen Fragen eine ausreichende Bedenkzeit zu gewähren, deren Länge durch qualitativ hochwertigere Antworten seitens der Lernenden kompensiert werden kann. Innerhalb dieser Thematik war die Abgrenzung zu Impuls und Denkanstoß wichtig. Besonders in der älteren Literatur wurde sich hieran abzuarbeiten versucht, wobei in dieser Arbeit festgestellt werden musste, dass eine eindeutige, klar zu ziehende Grenze zwischen Impuls und Denkanstoß weder festzulegen noch weiterführend zu sein scheint. Wichtig ist die Feststellung, dass Impulse und Denkanstöße durch ihre sprachliche Konstruktion der Lerngruppe ein weiteres Denkfeld zu eröffnen scheinen, das nur durch geschickt gesetzte divergente Fragen annähernd zu erreichen sein wird. Fragen sind durch den zuvor vom Lehrer schon durchgeplanten Stundenablauf sehr dirigierenden und lassen dem Schüler meist nur wenig freien Raum zum selbstständigen Denken, Rekonstruieren, Problemerfassen, Bewerten und Beurteilen, zum Interpretieren und zur Ausbildung perspektivischer Flexibilität. Impulse scheinen aber gerade für diesen Anspruch, dessen Verfolgung innerhalb der Vorgaben der Lehrpläne für den Politik- und Wirtschaftsunterricht zu finden sind, eine geeignete Alternative zu divergenten Fragen zu sein.

Die zu erwartenden Ergebnisse des Fallbeispiels sollten in die bisherigen Forschungsergebnisse eingeordnet werden können, weshalb eine Untersuchung der qualitativen und quantitativen Aspekte von Lehrerfragen erfolgen musste. Neben einer hohen Fragefrequenz konnte ein Mangel an Schülerfragen festgestellt werden, die sich zudem meist nur auf organisatorische Prozesse und Nachfragen zum Verständnis der Aufgaben beschränken. Ein hoher Redeanteil des Lehrers und damit ein starkes Dirigieren des Unterrichtsverlaufes ohne ausreichende Beteiligung der Schüler sind die Folge. Dem können Trainingskurse in Form von situativem Lehrtraining oder Microteaching entgegenwirken und so zu einer Verbesserung der kognitiven Anspruchsebene und Reduktion der Lehrersprachanteile am Unterricht führen.

Die Erörterung der Thematik der zu beobachtenden Stunde, die äußeren Faktoren wie Sitzplan, Klassengröße, Verlaufsplan und allgemeine Eindrücke des Autors sollte dem Leser, der die Videoaufzeichnung nicht gesehen hat, dazu dienen, die wesentlichen Aspekte der Gemeinschaftskundestunde aufzunehmen und die weiteren Ergebnisse in den Gesamtzusammenhang einordnen zu können. Neben der Auflistung aller in diesen fünfundvierzig Minuten geäußerten Lehrerfragen erfolgten die Messung der Wartezeit und die Einordnung zu Fragtypen. Diese Tabelle bildete dann die Grundlage für die Auswertung der gesammelten Daten, die analog zu den Vorgehensweisen im Theorieteil dieser Arbeit erfolgte. Neben einer zu kurzen Bedenkzeit konnte auch auf den hohen Anteil von Fakten- und Elementarfragen, also Fragen niederer Ordnung beziehungsweise niedrigem kognitiven Niveau, verwiesen werden. Allgemeine Probleme mit der Differenzierung der von Henkenborg aufgeführten Fragetypen und der im Hinblick auf organisatorische Belange nicht weitreichend genug ausgebauten Systematik wurde hingewiesen und Verbesserungsvorschläge angeboten. Die Zuordnung von Fragetypen orientierte sich an dem jeweiligen Kontext und auch hierin liegt auf Grund der subjektiven Wahrnehmung des Betrachters eine gewisse Problematik, die nur durch eine größere Anzahl an Beobachtern oder durch detailliertere Ausarbeitung von Anhaltspunkten bezüglich den einzelnen Fragekategorien behoben werden kann. Additiv wird eine länger anhaltende Auseinandersetzung mit dieser Systematik für eine politikdidaktische Fragenkultur mehr Sicherheit und einen problemloseren Umgang mit der Klassifizierung von Fragen bieten. Daher sollten weitere Untersuchungen von Fallbeispielen anhand dieser Systematik erfolgen, um sie detaillierter und passgenauer auszugestalten. Eine länger andauernde Beobachtung über die in dieser Klasse aufgenommene Unterrichtsstunde hinaus hätte bei manchen Zuordnungen vielleicht zu einem eindeutigeren Ergebnis geführt.

Neben der qualitativen Analyse der Fragedaten wurde auch auf verschiedene Fragefolgen, die an Unterrichtsbeispielen verdeutlicht wurden, verwiesen. Das Gespräch als ein wichtiges Moment im Politik- und Wirtschaftsunterricht wurde auf seine Wirkungsweise, der Ausbildung eines mündigen, in diskursive Auseinandersetzungen eintretenden Bürger untersucht und daran nochmals die Bedeutsamkeit kognitiv höherer Fragen und der damit einhergehenden kontroversen Diskussionen über Ansichten und Werte herauszuarbeiten versucht. Der Abschluss wurde der Thematik der Frage nach der professionellen Schlüsselkompetenz eines Pädagogen, die sich „Fragetechnik" nennt, gewidmet. Hier erfolgte das Postulat der Bedeutsamkeit dieser Kompetenz und dem derzeitigen mangelnden Angebot an Studienseminaren oder Weiterbildungsangeboten zu diesem Thema (siehe auch Niegemann/Stadler 2004, S. 189).

Weinert (2000, vgl. S. 5f) hat in seinem Aufsatz als erstes von sechs Bildungszielen den „Erwerb von intelligentem Wissen" angeführt, welches nicht nur reines Faktenwissen sondern ein „wohlorganisiertes, disziplinär, interdisziplinär und lebenspraktisch vernetztes System von flexibel nutzbaren Fähigkeiten, Fertigkeiten, Kenntnissen und metakognitiven Kompetenzen" beinhaltet. Wenn dieses Wissen die Möglichkeit bieten soll, lebenslang anschlussfähig zu bleiben, so ist hierfür ein lehrergesteuerter, aber schülerzentrierter Unterricht notwendig. Dieser wird in dem heutigen, als fragend-entwickelnden Unterricht klassifizierten Prozess der Wissensgenerierung durch auf Fakten- und Reproduktionswissen ausgerichtete Fragetechnik und Vernachlässigung der Teilnahme von Schülern am Planungs- und Durchführungsprozess des Unterrichts nicht erreicht. Bei Nichtbeachtung der affektiven Dimension des Lernens und mangelnder Gelegenheit der Reflexion des eigenen Lehrens zum Beispiel durch Feedback oder Videoaufzeichnungen, dem fehlenden pädagogischen Wissen über die in der Frage liegenden Möglichkeiten der Unterrichtsgestaltung und -lenkung und mangelnden Angeboten an Aus- und Weiterbildungsseminaren verkennen das Potential des für Schüler zu vermittelnden, längerfristig anhaltenden und anschlussfähigen Wissens. Hier muss gerade in der Ausbildung von Lehrern für diese Thematik eine Sensibilisierung durch entsprechendes Angebot an Seminaren geschaffen werden, damit sich die Feststellung Seels (1983, vgl. S. 250), dass zwar die Bedeutung der Lehrerfrage als Mittel für die kognitive Beeinflussung weitestgehend geklärt ist, Lehrerfragen gegenwärtig allerdings eher planlos und zufällig und nicht wirklich durchdacht und geplant im Hinblick auf ihre Verwendung genutzt werden, als haltlos erweisen kann.

Aktuelle Forschungen beziehen sich mehrheitliche auf die der Lehrerfrage diametral gelegene Seite, nämlich jene der Schülerfragen. Dieses lernerseitige Fragestellen wird als „eigenständige Lernstrategie konzeptualisiert" und deren Bedeutung für den Unterrichtsprozess ist noch nicht ausreichend geklärt (Arnold/Neber 2004, S. 293). Dies mag auch an der bisher noch nicht professionell zu lösenden Art und Weise der Beobachtung komplexer Unterrichtsprozesse liegen, zumal einheitliche Kriterien zur Operationalisierung und damit eine weitestgehende Vergleichbarkeit der Ergebnisse nicht gegeben sind (Wuttke 2005, vgl. S. 266ff.). Erst weitere Befunde bezüglich der Bedeutung von Schülerfragen im Lehr-Lern-Prozess werden auch die bisherigen Untersuchungen zur Quantität und Qualität der Lehrerfrage in ihren Auswirkungen noch signifikanter beurteilen können. Der positive Effekt der schülerseitigen Fragengenerierung bezüglich des besseren Textverständnisses lässt bereits ahnen, welches Potential auch in Schülerfragen zu finden sein wird, das im Unterrichtsprozess unterstützend genutzt werden sollte (vgl. Studie von Rosenshine/Meister/Chapman 1996; ähnlich auch Seifried/Sembill 2005, vgl. S. 241).

Diese Arbeit ist keineswegs ein Plädoyer für die Abschaffung der Lehrerfrage, was auch bei aller Bemühung wohl nicht zu schaffen sein würde, zumal die Stabilität der Frage-Antwort-Methode als Hinweis auf die Stabilität der Bedingungen des Unterrichtens angesehen werden kann (Bromme 1997, vgl. S. 177). Wichtig ist das Wissen um die didaktisch möglichen Einsatzweisen von verschiedenen

Fragen, die sich stets an dem Stand des Unterrichtsprozesses, dem Unterrichtsinhalt und der Lerngruppe orientieren sollte.[44] Ein wie von Gaudig getroffenes vernichtendes Urteil wird dem in der Frage enthaltenen Potential für die Wissensgenerierung bei Schülern bei Weitem nicht gerecht und sollte zukünftigen Lehrern in der Ausbildung nicht auf diese Art und Weise suggeriert werden (vgl. Grell/Grell 2007, S. 88).[45] Auch direktes Unterrichten und enge Fragen sind bei der Schaffung von Grundlagenwissen nicht zu vermeiden, sollten im Unterrichtsgeschehen – vor allem im Politikunterricht, deren Behandlung von Themen in diversen Diskussionsformen erfolgen sollte – jedoch nicht der vorherrschende Fragetypus darstellen. Lehrende sollten vielmehr dazu angehalten werden, möglichst Analyse- und Syntheseüberlegungen zu Sachverhalten einzufordern und den Lernenden Begründungen und Erklärungen zu Problembehandlungen abzuringen, folglich ein Frageverhalten auszubilden, das keinen Lernenden überfordert, aber alle nach ihren Möglichkeiten fördert und zuvor angesammeltes „träges Wissen" in flexibel anwendbares, „intelligentes Wissen" umwandelt. Somit befinde ich mich in Übereinstimmung mit Helmke (2007, S.14), der konstatiert, „dass es gerade beim Thema „Unterricht" darauf ankommt, jenseits pädagogischer Methoden und Trends und der gerade dominierenden „herrschenden Meinung" *Ausgewogenheit und Balance* zu suchen: zwischen direkter und indirekter Instruktion, zwischen lehrer- und schülergesteuertem Unterricht, zwischen kognitiven und affektiven Lernzielen, zwischen lerntheoretischen, kognitionspsychologischen und konstruktivistischen Prinzipien."

---

[44]   Ratsam ist bei der vorhergehenden Planung der Unterrichtsstunde die Notierung von drei oder vier Schlüsselfragen, die dann während des Unterrichtsprozesses dem Lehrer als Struktur und Anhaltspunkt dienen und das Gespräch so in die gewünschten Bahnen lenken können.

[45]   Eine ähnlich Argumentation führt auch Becker (2007, vgl. S. 164) an, der in der Vermeidung von konvergenten Fragen keinen Gewinn sieht, da diese z.B. für verschiedene Situationen wie die Zergliederung eines Textes, die Restrukturierung eines Handlungsablaufs oder der Beherrschung bestimmter Techniken nützlich sind (ähnlich Petersen/Sommer 2006, vgl. S. 31). Auch Spanhel (1971, vgl. S. 263) will die Fragen nicht durch Impulse ersetzt sehen, sondern für die Verwendung der angemessenen Sprachform in den jeweiligen Unterrichtssituationen sensibilisieren.

Literaturverzeichnis

Aebli, Hans (1993): Zwölf Grundformen des Lehrens. Eine allgemeine Didaktik auf psychologischer Grundlage. Medien und Inhalte didaktischer Kommunikation, der Lernzyklus. 7. Auflage. Stuttgart: Klett-Cotta.

Amidon, Edmund/ Hunter, Elizabeth (1967a): Interaction analysis: Recent Developments, in: Amidon, Edmund J./ Hough, John B. (Hrsg.): Interaction analysis: theory, research and application. Reading, Massachusetts: Addison-Wesley Publishing Company, S. 388-391.

Amidon, Edmund/ Hunter, Elizabeth (1967b): Improving Teaching. The Analysis of Classroom Verbal Interaction. New York u.a.: Holt, Rinehart and Winston.

Apelt, Otto (Hrsg.) (1988): Platon. Sämtliche Dialoge. Band 2. Hamburg: Meiner.

Arnold, Karl-Heinz/ Neber, Heinz (2004): Lernen und Fragen – Einführung, in: Unterrichtswissenschaft. Zeitschrift für Lernforschung. 32. Jg., Heft 4, S. 290-294.

Aschersleben, Karl (1977): Motivationsprobleme in der Schule. Stuttgart u.a.: Verlag N. Kohlhammer GmbH.

Aschersleben, Karl (1979): Einführung in die Unterrichtsmethodik. 3., verbesserte Auflage. Stuttgart u.a.: Verlag N. Kohlhammer GmbH.

Aschersleben, Karl (1985): Moderner Frontalunterricht. Neubegründung einer umstrittenen Unterrichtsmethode. Frankfurt am Main: Verlag Peter Lang GmbH.

Baumert, Jürgen/ Bos, Winfried/ Watermann, Rainer (2000): Mathematische und naturwissenschaftliche Grundbildung im internationalen Vergleich, in: Baumert, Jürgen/ Bos, Winfried/ Watermann, Rainer (Hrsg.): TIMSS/III. Dritte Internationale Mathematik- und Naturwissenschaftsstudie- Mathematische und naturwissenschaftliche Bildung am Ende der Schullaufbahn. Band 1. Opladen: Leske und Budrich, S. 135-198.

Becker, Georg E./ Clemens-Lodde, Beate/ Köhl, Karl (Hrsg.) (1980): Unterrichtssituationen: ein Trainingsbuch für Lehrer und Ausbilder. 2., erweiterte und überarbeitete Auflage. München/Wien/Baltimore: Urban und Schwarzenberg.

Becker, Georg E. (1995): Handlungsorientierte Didaktik. Eine auf die Praxis bezogene Theorie. 2., unveränderte Auflage. Weinheim und Basel: Beltz Verlag.

Becker, Georg E. (2007): Durchführung von Unterricht. Handlungsorientierte Didaktik Teil II. Neu ausgestattete Sonderausgabe. Weinheim und Basel: Beltz-Verlag.

Bellack, Arno A./ Klierbard, Herbert M./ Hyman, Ronald T./ Smith, Frank L. (1974): Die Sprache im Klassenzimmer. Düsseldorf: Pädagogischer Verlag Schwann.

Bittner, Stefan (2006): Das Unterrichtsgespräch. Formen und Verfahren des dialogischen Lehrens und Lernens. Bad Heilbrunn.

Bloch, Karl Heinz (1969): Der Streit um die Lehrerfrage im Unterricht in der Pädagogik der Neuzeit. Problemgeschichtliche Untersuchungen. Wuppertal: Aloys Henn Verlag.

Bloom, Benjamin S. (Hrsg.) (1976): Taxonomie von Lernzielen im kognitiven Bereich. 5. Auflage. Weinheim und Basel: Beltz Verlag.

Böhm, Winfried (2002): Wörterbuch der Pädagogik. 15., überarbeitete Auflage. Stuttgart: Alfred Kröner Verlag, S. 472-473.

Bönsch, Manfred (1991): Variable Lernwege. Ein Lehrbuch der Unterrichtsmethoden. Paderborn: Ferdinand Schöningh GmbH.

Borg, Walter (1972): The Minicourse as a vehicle for changing teacher behavior: A three-year follow-up, in: Journal of Educational Psychology, 63. Jg., Heft 6, S. 572-579

Bromme, Rainer (1997): Kompetenzen, Funktionen und unterrichtliches Handeln des Lehrers, in: Weinert, Franz E. (Hrsg.): Psychologie des Unterrichts und der Schule. Göttingen u.a.: Hogrefe-Verlag, S. 177-212.

Brunner, Reinhard (1978): Lehrerverhalten. Paderborn: Ferdinand Schöningh.

Buchalik, Uwe/ Riedl, Alfred (2007): Fachgespräche – Lehrer-Schüler-Kommunikation in komplexen Lehr-Lern-Umgebungen. Abrufbar im Internet. URL: http://www.lrz-muechen.de/~riedlpublikationen/pdf/buchalikriedlzuerichvortrag2007.pdf. [letzter Zugriff: 25.01.2011]

Cursiefen, Wilhelm (1969): Experimentelle Untersuchung des Denkanstoßes als Frage und Aufforderung im Erleben der Schüler, in: Schule und Psychologie. 16. Jg., Heft 7, S. 193-198.

Dahms, Günter (1985): Nachdenken im Unterricht. Fragemethode und Anleitung zum Argumentierenden Gespräch. 2. Auflage. Frankfurt am Main: Scriptor Verlag GmbH.

Deutsches PISA-Konsortium (Hrsg.): PISA 2000. Basiskompetenzen von Schülerinnen und Schülern im internationalen Vergleich. Opladen: Leske und Budrich.

Dillon, J.T. (1985): Using questions to foil discussion, in: Teacher & teacher Education, 1. Jg., Heft 2, S. 109-121.

Duell, Orpha K./ Lynch, Douglas J./ Ellsworth, Randy/ Moore, Christopher A. (1992): Wait-time in college classes taken by education majors, in: Research in Higher Education. 33. Jg., Heft 4, S. 483-495.

Duell, Orpha K. (1994): Extended wait time and university student achievement, in: American Educational Research Journal. 31. Jg., Heft. 2, S. 397-414.

Einsiedler, Wolfgang (1978): Faktoren des Unterrichts. Schulpädagogik, Eine Einführung. Band 3. Donauwörth: Verlag Ludwig Auer.

Einsiedler, Wolfgang (1978): Didaktik eines schülerorientierten Unterrichts, in: Einsiedler, Wolfgang/ Härle, Helmut (Hrsg.): Schülerorientierter Unterricht. 3. Auflage. Donauwörth: Verlag Ludwig Auer.

Einsiedler, Wolfgang (1981): Lehrmethoden. Probleme und Ergebnisse der Lehrmethodenforschung. München/Wien/Baltimore: Urban & Schwarzenberg.

Flanders, Ned A. (1970): Analyzing Teaching Behaviour. Reading, Massachusetts: Addison-Wesley Publishing Company.

Flittner, Andreas (Hrsg.) (1992): Comenius, Johann Amos: Große DIdaktik. 7.Auflage. Stuttgart: Ernst Klett-Verlag.

Fölling-Albers, Maria/ Hartinger, Andreas/ Mörtl-Hafizović, Dženana (2004): Situiertes Lernen in der Lehrerbildung, in: Zeitschrift für Pädagogik. 50. Jg., Heft 5, S. 727-747.

Gage, Nathaniel L./ Berliner, David C. (1996): Pädagogische Psychologie. 5., vollständig überarbeitete Auflage. Herausgegeben und aus dem amerikanischen Übersetzt von Gerhard Bach. Weinheim: Psychologie Verlags Union.

Gall, Meredith D. (1970): The use of questions in teaching, in: Review of Educational Research, 40. Jg., Heft 5, S. 707-721.

Gaudig, H (1909): Didaktische Präludien. Leipzig und Berlin: B.G. Teubner.

Geißler, Georg (Hrsg.) (1994): Das Problem der Unterrichtsmethode in der Pädagogischen Bewegung. 9. Auflage. Weinheim und Basel: Beltz Verlag.

Giesecke, Hermann (1976): Methodik des politischen Unterrichts. 4. Auflage. München: Juventa Verlag.

Good, Thomas L./ Brophy, Jere (1989): Teaching the lesson, in: Slavin, Robet E. (Editor): School and Classroom organization. Hillsdale/London: Lawrence Erlbaum Associates, S. 25-68.

Graesser, Arthur C./Person, Natalie K. (1994): Question asking during tutoring, in: American Educational Research Journal, 31. Jg., Heft 1, S. 104-137.

Grell, Jochen (2002): Direktes Unterrichten, in: Wiechmann, Jürgen (Hrsg.): Zwölf Unterrichtsmethoden. Vielfalt für die Praxis. 3., unveränderte Auflage. Weinheim und Basel: Beltz-Verlag, S. 35-49.

Grell, Jochen/ Grell, Monika (2007): Unterrichtsrezepte. Neu ausgestattete Sonderausgabe. Weinheim und Basel: Beltz-Verlag.

Gruehn, Sabine (2000): Unterricht und schulisches Lernen. Münster: Waxmann Verlag GmbH.

Gudjons, Herbert (2003a): Frontalunterricht – neu entdeckt. Integration in offene Unterrichtsformen. Bad Heilbrunn/Obb.: Verlag Julius Klinkhardt.

Gudjons, Herbert (2003b): Pädagogisches Grundwissen Überblick-Kompendium-Studienbuch. 8., aktualisierte Auflage. Bad Heilbrunn/Obb: Klinkhardt.

Hage, Klaus/ Bischoff, Heinz/ Dichanz, Horst/ Eubel, Klaus-D./ Oehlschläger, Heinz-Jörg/ Schwittmann, Dieter (1985): Das Methodenrepertoire von Lehrern. Eine Untersuchung zum Schulalltag in der Sekundarstufe I. Leverkusen: Leske Verlag + Budrich GmbH.

Hanke, Barbara/ Mandl, Heinz/ Prell, Siegfried (1976): Soziale Interaktion im Unterricht. Darstellung und Anwendung des Interaktionsanalyse-Systems von N.A. Flanders. 3. Auflage. München: R.Oldenbourg Verlag GmbH.

Helmke, Andreas (2007): Unterrichtsqualität. Erfassen-Bewerten-Verbessern. 5. Auflage. Klett und Kallmeyer.

Henkenborg, Peter (2008): Kategoriale Bildung und kompetenzorientierte politische Bildung: Überlegungen zu einer Aufgabenkultur im Politikunterricht, in: Weißeno, Georg (Hrsg.): Politikkompetenz. Was Unterricht zu leisten hat. Bonn: Bundeszentrale für politische Bildung, S. 213-230.

Höder, Jürgen/ Joost, Hartmut/ Klyne, Peter (1975): Zusammenhänge zwischen Hauptdimensionen des Lehrerverhaltens und Merkmalen des Erlebens von Schülern im Unterricht, in: Psychologie in Erziehung und Unterricht. 22. Jg. München/Basel: Ernst Reinhardt Verlag, S. 88-96.

Höller, Ernst (1970): Theorie und Praxis des Schülergesprächs. Wien/München: Jugend und Volk.

Holzkamp, Klaus (1993): Lernen. Subjektwissenschaftliche Grundlegung. Frankfurt/New York: Campus-Verlag.

Horster, Leonhard (2002): Die Entwicklung eines neuen Verständnisses von Lernen nach PISA, in: Buchen, Herbert/ Horster, Leonhard/ Pantel, Gerhard/ Rolff, Hans-Günter (Hrsg.): Unterrichtsentwicklung und PISA. Stuttgart: Dr. Josef Raabe Verlags-GmbH, S. 7-18.

Huwendiek, Volker (2006): Unterrichtsmethoden, in: Bovet, Gislinde/ Huwendiek, Volker (Hrsg.): Leitfaden Schulspraxis. Pädagogik und Psychologie für den Lehrberuf. 4., komplett überarbeitete Auflage. Berlin: Cornelsen Verlag Scriptor GmbH&Co. KG, S. 68-103.

Jannash, Hans-Windekilde/ Joppich, Gerhard (1964): Unterrichtspraxis. 5. Auflage, neu bearbeitet und erweitert. Hannover u.a.: Hermann Schroedel Verlag KG.

Keck, Rudolf W. (1998): Der Impulsunterricht. Eine vermittelnde Unterrichtsform zwischen gängelnden und selbststeuernden Verfahren, in: Pädagogik, 50. Jg., Heft 5, S. 13-16.

Klieme, Eckhard (2006): Empirische Unterrichtsforschung: aktuelle Entwicklungen, theoretische Grundlagen und fachspezifische Befunde, in: Zeitschrift für Pädagogik, 52. Jg., Heft 6, S. 765-773.

Klieme, Eckhard/ Schümer, Gundel/ Knoll, Stefan (2001): Mathematikunterricht in der Sekundarstufe 1: „Aufgabenkultur" und Unterrichtsgestaltung, in: Bundesministerium für Bildung und Forschung (Hrsg.): TIMSS-Impulse für Schule und Unterricht. Bonn, S. 43-57.

Klinzig-Eurich, Gisela/ Klinzig, Hans Gerhard (1981): Lehrfertigkeiten und ihr Training. Untersuchungen zum Training von Fragen höherer Ordnung und Sondierungsfragen mit Selbststudienmaterial. Weil der Stadt: Lexika-Verlag.

Klinzig-Eurich, Gisela/ Klinzig, Hans Gerhard (1982): Die Klarheit der Lehrerfrage. Auswirkungen eines Trainings von Fragen höherer Ordnung, in: Unterrichtswissenschaft, Heft 4, S. 313-328.

Klinzig, Hans Gerhard (2002): Wie effektiv ist Microteaching? Ein Überblick über fünfunddreißig Jahre Forschung. Zeitschrift für Pädagogik, 48. Jg., Heft 2, S. 194-214.

Klippert, Heinz (2000): Kommunikations-Training. Bausteine für den Unterricht. 7., neu ausgestattete Auflage. Weinheim und Basel: Beltz-Verlag.

Köster, Egon (1979): Bedeutung der Problemfrage in der Lerntätigkeit, in: Pädagogik, Beiheft 4. Berlin, S. 3-24.

Kuhn, Hans-Werner (2006): Karikaturen, in: Methodentraining I für den Politikunterricht. 2. Auflage. Bonn: Bundeszentrale für politische Bildung, S. 23-36.

Lach, Kurt/ Massing, Peter (2006): Unterrichtsgespräch, Fragen und Impulse, in: Methodentraining II für den Politikunterricht. Bonn: Bundeszentrale für politische Bildung, S. 123-132.

Levin, Anne (2005): Lernen durch Fragen. Wirkung von strukturierenden Hilfen auf das Generieren von Studierendenfragen als begleitende Lernstrategie. Münster: Waxmann Verlag GmbH.

Lippitt, Ronald/ Fox, Robert/ Schaible, Lucille (1969): The teacher's role in social science investigation. Chicago, Illinois: Science Research Associates.

Lowyck, Joost (1976): Die Analyse des Fragenstellens als Instrument für ein abgestuftes Fertigkeitentraining, in: Unterrichtswissenschaft, Heft 1. Urban & Schwarzenberg, S. 53-73.

Massing, Peter (2005): In Gesprächen lernen: Gesprächsformen in der politischen Bildung, in: Sander, Wolfgang (Hrsg.): Handbuch politische Bildung. Bonn: Bundeszentrale für politische Bildung, S. 498-508.

Meyer, Hilbert (1987a): Unterrichtsmethoden. Band 1: Theorieband. 10. Auflage. Berlin: Cornelsen Verlag Scriptor GmbH&Co.KG.

Meyer, Hilbert (1987b): Unterrichtsmethoden. Band 2: Praxisband. 11. Auflage. Berlin: Cornelsen Verlag Scriptor GmbH&Co.KG.

Münch, Rudolf (1952): Lernkunst und Lehrkunst. Hannover: Goedel.

Nickel, Horst (1974): Beiträge zur Psychologie des Lehrerverhaltens. Psychologische Aspekte einer nichtautoritären Erziehung in der Schule. Beiheft Erziehung und Psychologie, Heft 67. München/Basel: Ernst Reinhardt Verlag.

Nickel, Horst/ Fenner, Hans-Jörg (1974): Direkte und indirekte Lenkung im Unterricht in Abhängigkeit von fachspezifischen und methodischdidaktischen Variablen sowie Alter und Geschlecht des Lehrers, in: Zeitschrift für Entwicklungspsychologie und Pädagogische Psychologie. Band VI. Göttingen: Hogrefe, S. 178-191.

Niegemann, Helmut M. (2004): Lernen und Fragen: Bilanz und Perspektiven der Forschung, in: Unterrichtswissenschaften, 32. Jg, Heft 4, S. 345-356.

Niegemann, Helmut M./ Stadler, Silke (2001): Hat noch jemand eine Frage? Systematische Unterrichtsbeobachtung zu Häufigkeit und kognitivem Niveau von Fragen im Unterricht, in: Unterrichtswissenschaft. Zeitschrift für Lernforschung. 29. Jg., Heft 2, S. 171-192.

Orth, Peter (1992): Neunzehn Regeln für ein gutes Klassengespräch. Das Klassengespräch als schwierige Lehr-/Lernform, in: Pädagogik, Heft 9. Weinheim, S. 44-47.

Paschen, Harm (1999): Kompetenz, in: Reinhold, Gerd/ Pollak, Guido/ Heim, Helmut (Hrsg.): Pädagogik-Lexikon. München/Wien: R.Oldenbourg Verlag, S. 303-305.

Petersen, Jörg/ Sommer, Hartmut (1999): Die Lehrerfrage im Unterricht. Ein praxisorientiertes Studien- und Arbeitsbuch mit Lernsoftware. Donauwörth: Auer Verlag GmbH.

Peterßen, Wilhelm H. (2001): Kleines Methoden-Lexikon. 2., aktualisierte Auflage. München: Oldenbourg Schulbuchverlag GmbH.

Petrat, Gerhardt (1996): Didaktisches Fragen. Ein Beitrag zur Qualifikationsgeschichte von Lehrern. Steglitzer Arbeiten zur Philosophie und Erziehungswissenschaft. Band 14. Rheinfelden und Berlin: Schäuble.

Redfield, Doris L./ Rousseau, Elaine Waldman (1981): A Meta-analysis of Experimental Research on Teacher Questioning behavior, in: Review of Educational Research, 51. Jg., Heft 2, S. 237-245.

Reyer, Wilhelm (1954): Allgemeine Erziehungs- und Unterrichtslehre. Zweite, durchgesehene und ergänzte Auflage. Berlin-Charlottenburg: Marhold.

Riedl, Alfred (2004): Grundlagen der Didaktik. Stuttgart: Franz Steiner Verlag.

Ritz-Fröhlich, Gertrud (1976): Verbale Interaktionsstrategien im Unterricht. Impuls-Denkanstoss-Frage. Workshop Schulpädagogik, 5. Auflage. Ravensburg: Otto Meier Verlag.

Rosenshine, Barak/ Meister, Carla/ Chapman, Saul (1996): Teaching Students to Generate Questions: A Review oft he Intervention Studies, in: Review of Educational Research, 66. Jg., Heft 2, S. 181-221.

Rowe, Mary Budd (1986): Wait-Time: Slowing Down May Be a Way of Speeding Up, in: Journal of Teacher Education, 37. Jg., Heft 1. URL: http://sce4361-01.sp01.fsu.edu/waittime.html. [letzter Zugriff: 28.12.2010].

Salzmann, Christian (1974): Impuls-Denkanstoß-Lehrerfrage. Zum Problem der Aufgabenstellung im Unterricht. 3., erweiterte Auflage. Bochum: Berg-Verlag GmbH.

Seel, Norbert M. (1983): Fragenstellen und kognitive Strukturierung, in: Psychologie in Erziehung und Unterricht, 30. Jg., S. 241-252.

Seifried, Jürgen/ Sembill, Detlef (2005): Schülerfragen – ein brachliegendes didaktisches Feld, in: Zeitschrift für Berufs- und Wirtschaftspädagogik. Stuttgart: Franz Steiner Verlag, 101. Band, Heft 2, S. 229-245

Sembill, Detlef/ Gut-Sembill, Katrin (2004): Fragen hinter Schülerfragen – Schülerfragen hinterfragen, in: Unterrichtswissenschaft. Zeitschrift für Lernforschung. 32. Jg., Heft 4, S. 290-294.

Smolka, Dieter (2002): Die PISA-Studie: Konsequenzen und Empfehlungen für Bildungspolitik und Schulpraxis, in: Aus Politik und Zeitgeschichte, B41, S. 3-11. Abrufbar im Internet. URL: http://www.bpb.de/publikationen/ TCWYCN„0,PISAStudie.html. [letzter Zugriff: 27.01.2011]

Spasitsch, Dr. Vladimir J. (1972): Die Lehrerfrage in der Neuen Schule. Eine geschichtliche und grundsätzliche Darstellung des Problems Fach-, Klassen- und Gruppenlehrer in der Alten und in der Neuen Schule. Weimar: Böhlau.

Steindorf, Gerhard (1981): Grundbegriffe des Lehrens und Lernens. Bad Heilbrunn: Klinkhardt.

Stöcker, Karl (1960): Neuzeitliche Unterrichtsgestaltung. 9. Auflage. München: Ehrenwirth-Verlag.

Tausch, Anne-Marie/ Tausch, Reinhard (1973): Erziehungspsychologie. Psychologische Prozesse in Erziehung und Unterrichtung. 7. Auflage. Göttingen: Verlag für Psychologie.

Tausch, Anne-Marie/ Tausch, Reinhard (1998): Erziehungspsychologie. Begegnung von Person zu Person. 11. Auflage. Göttingen u.a: Hogrefe-Verlag.

Thiele, Hartmut (1981): Lehren und Lernen im Gespräch. Gesprächsführung im Unterricht. Bad Heilbrunn/Obb.: Klinkhardt.

Thompson, Geoff (1997): Training teachers to aks questions, in: ELT Journal. 51. Jg., Heft 2, S. 99-105.

Tobin, Kenneth (1987): The role of wait time in higher cognitiv level learning, in: Review of Educational Research, 57. Jg., Heft 1, S. 69-95.

Tschirner, Martina (2007): Zum Spannungsverhältnis von politischer und ökonomischer Bildung in neueren Lehrplänen, in: G.Steffens (Hrsg.): Politische und ökonomische Bildung in Zeiten der Globalisierung. Münster: Verlag Westfälisches Dampfboot, S. 276-287.

Weinert, Franz E. (2000): Lehren und Lernen für die Zukunft – Ansprüche an das Lernen in der Schule. Pädagogische Nachrichten Rheinland-Pfalz, Heft 2. Abrufbar im Internet. URL: http://download.bildung.hessen.de/ schule/gymnasium/gym_sek_ii/entwicklung/pool/weinert_2000-03-29.pdf. [letzter Zugriff: 27.01.2011]

Weißeno, Georg (2006): Gespräche führen im Politikunterricht, in: Methodentraining I für den Politikunterricht. Bonn: Bundeszentrale für politische Bildung, S. 49-64.

Whitby, Virginia (1992): Teacher questioning in primary science, in: Early Child Development and Care, 83. Jg., S. 109-114.

White, Richard T./ Tisher, Richard P. (1986): Research on Natural Sciences, in: Wittrock, Merlin C. (Hrsg.): handbook of Research on Teaching. Third Edition. New York: Macmillan Publishing Company, S. 874-905.

Wiater, Werner (1993): Unterrichten und lernen in der Schule. Eine Einführung in die Didaktik. Donauwörth: Verlag Ludwig Auer.

Wieczerkowski, Wilhelm (1965): Einige Merkmale des sprachlichen Verhaltens von Lehrern und Schükern im Unterricht, in: Zeitschrift für experimentelle und angewandte Psychologie Band XII), S. 502-520.

Wuttke, Eveline (2005): Unterrichtskommunikation und Wissenserwerb. Zum Einfluss von Kommunikation auf den Prozess der Wissensgenerierung. Frankfurt am Main: Peter Lang GmbH.

Internetquellen

Rosenbach, Manfred (2008): Das Unterrichtsgespräch. Lehrerfrage oder Lehr-Lern-Diskurs? URL: http://ods3.schule.de/aseminar/ziellenk/lenkung/frage_diskurs.htm. [letzter Zugriff: 27.01.2011]

Cotton, Kathleen (1988): Classroom Questioning. URL: http://www.learner.org/workshops/socialstudies/pdf/session6/6.ClassroomQuestioning.pdf: 23.01.2011]

Abbildungsverzeichnis

Tabellenverzeichnis

<u>Flanders Interaction Analysis Categories[1] (FIAC)</u>

Tabelle A1) Interaktionsmodell nach Flanders (1970, vgl. S. 34)

Teacher Talk	Response	1.	**Accepts feeling** Accepts and clarifies an attitude or the feeling tone of a pupil in a nonthreatening manner. Feelings may be positive or negative. Predicting and recalling feelings are included.
		2.	**Praises or encourages** Praises or encourages pupil action or behavior. Jokes that release tension, but not at the expense of another individual; nodding head, or saying "Um hm?" or "go on" are included.
		3.	**Accepts or uses ideas of pupils** Clarifying, building, or developing ideas suggested by a pupil. Teacher extensions of pupil ideas are included but as the teacher brings more of his own ideas into play, shift to category five.
		4.	**Ask questions** Asking a question about content or procedure, based on teacher ideas, with the intent that a pupil will answer.
	Initiation	5.	**Lecturing** Giving facts or opinions about content or procedures; expressing *his own* ideas, giving *his own* explanation, or citing an authority other than pupil.
		6.	**Giving directions** Directions, commands, or orders to which a pupil is expected to comply.
		7.	**Criticizing or justifying authority** Statements intended to chance pupil behavior from nonacceptable to acceptable pattern; bawling someone out; stating why the teacher is doing what he is doing; extreme self-reference.
Pupil Talk	Response	8.	**Pupil-Talk – response** Talk by pupils in response to teacher. Teacher initiates the contact or solicits pupil statement or structures the situations. Freedom to express own ideas is limited.
	Initiation	9.	**Pupil-Talk – initiation** Talk by pupils which they initiate. Expressing own ideas; initiating a new topic; freedom to develop opinions and a line of thought, like asking thoughtful questions; going beyond the existing structure.

---

[1] There is no scale implied by these numbers. Each number is classifactory; it designates a particular kind of communication event. To write these numbers down during observation is to enumerate, not to judge a position on a scale.

Silence	**10. Silence or confusion**
	Pauses, short periods of silence and periods of confusion in which communication cannot be understood by the observer.

Modified Categories

Tabelle A2) Modifiziertes Flandersches Interaktionsmodell nach Amidon und Hunter (1967a, S. 389)

Teacher talk	1. Accepts feeling
	2. a) Praises b) Praises using public criteria c) Praises using private criteria
	3. Accepts idea through: a) description b) inference c) generalization
	4. Asks: a) cognitive memory question b) convergent question c) divergent question d) evaluative question
	5. Lectures
	6. Gives directions
	7. a) Criticizes b) Criticizes using public criteria c) Criticizes using private criteria
Student Talk	8. Pupil response: a) description b) inference c) generalization
	9. Pupil initiation: a) description b) inference c) generalization
	10. a) Silence b) Confusion

The Verbal Interaction Category System (VICS)

Tabelle A3) Das VICS-Interaktionsmodell nach Amidon und Hunter (1967b, S. 11)

Teacher-Initiated Talk	1. Gives Information or Opinion: presents content or own ideas, explains, orients, asks rhetorical questions. May be short statements or extended lecture.
	2. Gives Direction: tells pupil to take some specific action; gives orders; commands
	3. Asks Narrow Question: asks drill questions, questions requiring one or two word replies or yes-or-no answers; questions to which the specific nature of the response can be predicted.
	4. Asks Broad Question: asks relatively open-ended questions which call for unpredictable responses; questions which are thought-provoking. Apt to elicit a longer response than 3.
Teacher Response	5. Accepts:
	(5a) Ideas: reflects, clarifies, encourages or praises ideas of pupils. Summarizes, or comments without rejection.
	(5b) Behavior: responds in ways which commend or encourage pupil behavior.
	(5c) Feeling: responds in ways which reflect or encourage expression of pupil feeling
	6. Rejects:
	(6a) Ideas: criticizes, ignores or discourages pupil ideas
	(6b) Behavior: discourages or criticizes pupil behavior. Designed to stop undesirable behavior. May be stated in question form, but differentiated from category 3 or 4, and from category 2. Gives Direction, by tone of voice and resultant effect on pupils
	(6c) Feeling: ignores, discourages or rejects pupil expressions of feeling.
Pupil response	7. Responds to teacher:
	(7a) Predictably: relatively short replies, usually, which follow category 3. May also follow category 2, i.e. "David, you may read next."
	(7b) Unpredictably: replies which usually follow category 4.
	8. Responds to Another Pupil: replies occurring in conversation between pupils
Pupil-Initiated Talk	9. Initiates Talk to Teacher: statements which pupils direct to teacher without solicitation from teacher.
	10. Initiates Talk to Another Pupil: statements which pupils direct to another pupil which are not solicited.
Other	11. Silence: pauses or short periods of silence during a time of classroom conversation.
	12. Confusion: considerable noise which disrupts planned activities. This category may accompany other category or may totally preclude the use of other categories.

Mögliche Klassifikation der verschiedenen Impulsformen

Tabelle A4) Klassifikation der Impulse (nach Thiele 1981, S. 68)

Impulsformen	Sprachformen	Didaktische Intention Lehrtätigkeiten zur Gesprächsführung	
Verbaler Impuls		Lern-,	Denkhilfe
Denkanstoß:	*Aussagesatz*	direkte Impulse	indirekte Impulse
	Feststellen	Fundieren lassen	
	Behaupten	Problematisieren	
	Hinweisen	Akzentuieren	Explorations-gruppe
	Mitteilen	Nachhaken	
	Vermuten		
	Aufforderungssatz		
	Bitten	Erklären lassen	
	Anregen	Folgern lassen	Lösungs-gruppe
	Aufgeben	Bewerten lassen	
	Anweisen		
		Zusammenfassen lassen	
	Ausrufsatz		
	Ausruf	Verstärken	
	Interjektion	Ermutigen	Verstärker-gruppe
		Aufgreifen	
	Fragesatz		
Frage:	Ergänzungsfrage	Informieren	
	Entscheidungsfrage	Moderieren	
Nonverbaler Impuls:	Mimik – Gestik		
	Kopf- und Körperbe-wegungen – Schweigen – Stummer Impuls		
Sachimpuls:	Medien: Lehr- und Lern-mittel, Gegenstände bzw. deren Repräsentationsfor-men		

Wortprotokoll

Kursiv sind all jene Wörter geschrieben, die der Autor nur undeutlich verstehen konnte, allerdings eine vage Ahnung über das Gesagte durch die Berücksichtigung des Gesamtzusammenhangs hatte. Alle anderen nicht deutlich hörbaren Aussprachen werden durch „xxx" kenntlich gemacht. Die Kästen zwischen einzelnen Abschnitten des Wortprotokolls stellen das zu dieser Zeit jeweils aktuelle Tafelbild dar und dienen in diesem Zusammenhang reinen Visualisierungserleichterungen.

1	L: So Mädels. Vergessen. Habe heute auch mit 25% ein bisschen mehr Zeit. Wir haben
2	heute Gäste, wie angekündigt. Sie sind Mitarbeiter in der Technischen Universität
3	Dresden aus dem Bereich der Professur oder Lehrstuhl (schaut Mitarbeiter an)...
4	M: Professur.
5	L: ...Professur der Didaktik der politischen Bildung. Das hört sich sehr kompliziert an,
6	die machen nichts anders als empirisch – also in der Praxis – zu erforschen, wie Unter-
7	richt gemacht wird an den Schulen, um dann zu sagen, kann man's vielleicht besser
8	machen oder wie kann man das Beste weitervermitteln. Das also auch das zukünftigen
9	Generationen dann zu Gute kommt. Wir hatten ein kleines Probenproblem. Allerdings
10	sollte diese Veranstaltung jetzt hier, diese Unterrichtsstunde nämlich, bereits Anfang
11	November stattfinden. Da war ich ja krank gewesen. Deswegen musste das ganze ein
12	bisschen verschoben werden. Äh... ich hatte euch aber schon gesagt, dass das heute
13	stattfindet und ich hatte auch gesagt, das also Filmaufnahmen gemacht werden und ich
14	hatte euch auch gesagt, dass ihr also ein Recht auf eigenen Willen habt, das heißt ihr
15	selbst entscheiden könnt, ob ihr hinterher im Film zu sehen seid oder nicht und ich
16	habe euch erzählt gehabt, dass ihr noch davor ein Zettel bekommt usw. usf.. Also den
17	Zettel gibt's jetzt erstmal nicht...
18	S: (Gelächter)
19	L:... aus organisatorischen Gründen. Der wird nachgereicht. Ihr dürft also im Nachhi-
20	nein dann mit eurer Unterschrift bestätigen, ob ihr nun im Film zu sehen sein sollt oder
21	nicht. Aber aus datenschutzrechtlichen Gründen müssen wir das deswegen trotzdem
22	vorab klären, logischerweise jetzt xxx in veränderter Form. Gedanken habt ihr euch ja
23	jetzt schon gemacht. Es geht jetzt einfach nur darum, ob ihr hinterher wie klein
24	Dümmchen..., ob ihr damit einverstanden seid, dass ihr also in voller Schönheit zu
25	sehen seid oder ob ihr sagt, das da so ein hässliches – was weiß ich was – Verzerrung
26	des Bildes, dass also entstellter Gesichtsausdruck entsteht, ähh... machen wirs ma ganz
27	... ihr habt ja kein Problem damit, dass weiß ich ja ... machen mas ganz offen, wer hat
28	was dagegen, weil, da müsstens die Mitarbeiter auch wissen, weil, die müssen sich ja
29	jetzt die Positionen merken, dass sie sagen an der Stelle das Gesicht soll so, die wissen

30 ja nicht, wie ihr heißt, deswegen, also ganz einfach mal, frage ich jetzt so ganz offen,
31 ähh… hat jemand was dagegen, dass er hinterher in dem Film zu sehen ist, die meisten
32 sind ja eh nur von hinten zu sehen; obwohl, ich ärgere euch, wir machen ja Gruppenar-
33 beit. Also… niemand. Gut, dann setzen wir das jetzt mal so voraus und ähh… das
34 Schriftliche machen wir dann noch im Nachhinein. Das ist dann, ähh, sicherlich auch
35 kein Problem.

36 Die Schüler müssen noch ne Zwischeninformation bekommen. Die Leistungskontrolle
37 schreiben ma natürlich nächste Woche.

38 S: (erleichtert)

39 L: So, nachher, im Anschluss, in der fünften Stunde, möchten die Mitarbeiter gerne
40 noch kurze Interviews führen. Sowohl mit einigen von euch, als auch mit mir. Amused,
41 freiwillig, und deshalb ist die fünfte Stunde auch auf meinen Namen geplant worden.
42 Wie wir das organisatorisch nachher machen, das sage ich euch in der fünften Stunde,
43 aber wir schreiben nachher keine Arbeit. Das ist ja erst ma wichtig für euch, das zu
44 wissen. Ok? Gut. Ist das auch geklärt.

45 Meine Standardfrage ist ja eigentlich immer „Was gibt's Neues?" Wir wollen ja immer
46 aktuelle Politik mit drinne haben, aber aus Zeitgründen machen wir das heute nicht.
47 Das werde ich dann in der nächste Woche nach der Leistungskontrolle nochmal ein
48 bißl intensiver Abfragen und kurz vor Weihnachten nochmal Stand abfragen, was gibt
49 es da zu diskutieren in politischer Richtung. Das machen ma also heute nicht. Also
50 können wir uns heute vollkommen auf den Unterrichtsstoff konzentrieren. Das ma-
51 chen wir jetzt auch.

52 Deshalb habe ich angedeutet, dass wir ein neues Thema beginnen. Ich möchte euch
53 zunächst einfach für das Thema ein bißl neugierig machen. Ich hoffe, dass es mir ge-
54 lingt. Ich habe mir dazu eine Karikatur ausgesucht, die ihr euch bitte erstma anschaut!
55 (nachdem Schüler etwas reingerufen hat) Erstma anschauen!

56 (Anschauen dauert genau 21 Sekunden; 3:50 – 4:11)

57 L: So, ihr kennt Karikaturen ja aus eurem Geschichtsunterricht, ihr kennt ja die Arbeits-
58 techniken, wie man die Informationen einer Karikatur verarbeitet. Da ist ma der erste
59 Arbeitsschritt welcher? Ist immer der erste Arbeitsschritt, Isa?

60 S: Ja, was halt zu sehen ist.

61 L: Also beschreiben, ne, also nur beschreiben. Wer will das ma machen? Karikatur
62 beschreiben. Nur beschreiben, was sehe ich. (ein Schüler meldet sich und wird drange-
63 nommen) Florian.

64 S: Ja, das ist halt so … also unten ist halt so wie, wie, wie Erde oder so, oder ein Teil
65 davon und dort sind halt Häuser, kaputte Häuser, und sieht aus wie nach dem Krieg
66 oder so…

67 L: Ahm.

68 S: …und dann ist so eben ein dicker Politiker oder zumindest ein dicker Mann, der
69 Zigarre raucht, also so, halt so ziemlich reich ist, oder sein muss, ja, und der hebt sich
70 da halt so raus so, als ob ihm das völlig wurscht ist, ob da Krieg war oder nicht und es
71 dem Volk schlecht geht.

72 L: Das ist aber schon Interpretation.

73 S: Ok, schuldigung.

74 L: Wir wollen erstma nur beschreiben. Ja, du hast gesagt, also unten sieht es aus wie
75 Ruinen nach dem Krieg und in der Überschrift steht „Eine Karikatur aus den fünfziger
76 Jahren“, das ist sicherlich xxx?

77 S: Zweiter Weltkrieg.

78 L: Der ging von… bis…?

79 S: 1939-1945.

80 L: Habt ihr die Vorfälle schon geklärt?

81 S: Nee.

82 L: Nee, seid noch nicht so weit, gut. 1945, Kriegsende in Deutschland, das habt ihr aber
83 schon was von gehört! Zweiter Weltkrieg, Deutschland zerstört, die Ruinen im Hinter-
84 grund. Und diese Karikatur stammt aus den fünfziger Jahren. Nehmen wir mal an, es
85 war 1955, also so zehn Jahre nach dem Krieg. (Pause) Ihr sollt versuchen die Karikatur
86 zu interpretieren, *jetzt wo wir sie* zeitlich eingeordnet haben! *Welche Aussagen sind drinne*
87 *versteckt* (Pause, keiner meldet sich)? Wenn ihr keine Antwort wisst, müsst ihr euch
88 Fragen überlegen. Welche Fragen habt ihr zur Karikatur, wenn ihr keine Antworten
89 wisst? Versucht ma, aus der Karikatur eine Fragestellung abzuleiten? … Fragestellung!

90 S: Könnte es um Westberlin gehen?

91 L: Könnte es Westberlin sein? Annika!

92 S: Wer war Ludwig Erhardt?

93 L: Ehm, auch ne interessante Frage. Was noch?

94 S: Ja, ist der so mächtig oder warum erhebt der sich über die drüber?

VII

95   L: Ahe, „Wer war Ludwig Erhardt?" Was noch? Welche Fragen könnt… könnt ihr
96   noch, könnt ihr noch stellen? (Pause)

97   S: Ja, warum auf der Zigarre „D-Mark" steht oder DM?

98   L: Ehm. Ja, sehr schön beobachtet. Die Zigarre ist beschriftet, da steht DM. Was wür-
99   det ihr jetzt antworten? (Pause) Entdeckt ihr ein Widerspruch in der Karikatur? (läuft
100 herum) Ein Widerspruch?

101 S: Naja, unten halt dieses total verarmte oder kaputte halt und …

102 L: Wann war das?

103 S: Was?

104 L: Wann war das? Das kaputte oder verarmte?

105 S: Ja, nach dem Krieg halt.

106 L: 1945, ja, und der dicke Mann, Ludwig Erhardt, *wenn wir sagen* 1955?

107 S: Ja, ehm, irgendwie geht's ihm immer noch total gut und ehm er ist reich also…

108 L: Isa hat gesagt, ihm geht's immer noch gut. Könnte man die Frage auch anders for-
109 mulieren?

110 S: Wann es ihm wieder gut ging?

111 L: Geht es ihm schon wieder gut? Ja Isa, so kann man die Frage auch stellen. Geht es
112 ihm wieder gut? Und diese Karikatur soll in der Tat symbolisieren eine Entwicklung in
113 den fünfziger Jahren. Wir müssen ja auch immer von uns aus sagen, von einer alten
114 Bundesrepublik, nicht die Heimat eurer Eltern und Großeltern, die alte Bundesrepublik
115 in den fünfziger Jahren; welche wirtschaftliche Entwicklung – wir haben ja das Thema
116 Wirtschaft – welche wirtschaftliche Entwicklung vollzog sich dort? Ist das gerechtfer-
117 tigt, die Karikatur? Ging es den Menschen damals wirklich so gut? Und wie, warum
118 ging es ihnen schon wieder gut?

119 Und das soll dann auch das Schwerpunktthema der heutigen Stunde sein. Dass wir uns
120 ma beschäftigen mit der wirtschaftlichen Entwicklung in den 50er Jahren und diese (L.
121 schaltet Projektor an) 50er Jahre hat man auch unter dem Begriff Wirtschaftswunder
122 bezeichnet. (L. klappt Tafel auf) Die wirtschaftliche Entwicklung in den 50er Jahren hat
123 man auch unter dem Begriff Wirtschaftswunder…

> Ein Wirtschaftswunder
>
> 50er-Jahre
> Bruttosozialprodukt
> Privater Verbrauch
> Nettoeinkommen
> Zahl der Erwerbstätigen
> Arbeitslosenquote
> Arbeitszeit
> Urlaubstage

24 So, jetzt könnte ja jemand auf die pfiffige Idee kommen und sagen „na hören se mal,
25 sie haben noch nicht beantwortet »Wer ist Ludwig Erhardt?«." Ich will jetzt die Frage
26 noch nicht beantworten. Die merken wir uns auch, die werden wir im Lauf der Stunde
27 beantworten. Aber zunächst einmal zu dem Fakt an sich: Wie war es möglich, dass es
28 anscheinend den Menschen zehn Jahre nach dem Kriegsende schon wieder gut ging,
29 dass sie, wie auf dem Bild, plus der Übertreibungen, da wieder gut genährt, dicken
30 prallen Bauch, dicke fette Zigarren rauchend, ja, wie war das möglich 10 Jahre nach
31 dem Krieg? Was hat, was ist da passiert, welche wirtschaftliche Entwicklung hat sich in
32 dieser Zeit vollzogen? Ist es wirklich so ein Wunder? Ist es ein Wirtschaftswunder?
33 Welche wirtschaftliche Entwicklung hat sich dabei vollzogen? Wie können wir denn das
34 ermitteln, wie sich die wirtschaftliche Entwicklung vollzogen hat? Wie können wir das
35 ermitteln? Wie könnten wir das ermitteln? Was bräuchten wir dazu, um das ermitteln zu
36 können? (Pause)

37 S: Ein Quellentext. Ja, ein Text, also aus der Fachwelt.

38 L: Joa, das ist immer schön, suchen wir uns ma einen schönen Lesebuchtext und in
39 dem Lesebuchtext wird's ja drinne stehen. Hm, wie könnten wir es noch machen? Ich
40 hab keinen Lehrbuchtext für euch.

41 S: Na, sich übers Internet darüber informieren, wie die Entwicklung war.

42 L: Können ma auch machen, haben jetzt aber kein Internet.

43 S: (leise) Mist.

44 L: Das ist Mist. Wie könnten wirs machen?

45 S: (erst leise, nach Aufforderung des Lehrers lauter) Irgendwelche Zahlen aus dem Jahr.

46 L: Irgendwelche Zahlen aus dem Jahr. Zahlen zur wirtschaftlichen Entwicklung. Ge-
47 nau. Und die habe ich auch mitgebracht (L. teilt Blätter aus). Ich habe euch kein Inter-

148 net mitgebracht, kein Lehrbuchtext mitgebracht, aber ich habe euch Zahlen mitgeb-
149 racht über die wirtschaftliche Entwicklung.

150 Was ihr noch nicht wissen könnt, ist, was sind das für Zahlen. Das sind also bestimmte
151 Zahlen, die die wirtschaftliche Entwicklung charakterisieren, nach bestimmten Kenn-
152 werten, zum Beispiel, wieviel erwirtschaftet wurde oder wieviel die Menschen privat
153 verbraucht haben, was sie vielleicht für ein Einkommen hatten jeden Monat ins Porte-
154 monnaie, oder die Frage „Wie hoch war die Zahl der Erwerbstätigen?", „Gab es Ar-
155 beitslose so wie heute?" oder „Wie hoch war die Arbeitslosenquote?", „Mussten die
156 Menschen damals viel arbeiten?", „Hatten sie Urlaub?", wenig oder gar nicht. (L. hebt
157 restliche Blätter hoch) Fehlen heute so viele? Ist so viel übrig. Wie mussten sie das
158 letztendlich xxx feststellen. So, eure Aufgabe soll es jetzt sein, so wie die Aufgabe 1,
159 also das Material 1, die Aufgabe 1, die Aufgabe unter M1 (liest vor). »Versucht anhand
160 der Tabelle zu ergründen, warum gerade die Jahre 1948 bis ungefähr 1960 als Wirt-
161 schaftswunder bezeichnet sind?« Zwei Begriffe sind da in kursiv gedruckt und auch
162 erklärt. Und das ganze sollt ihr mal ein bißl gemeinsam austüfteln. Mischen ma jetzt
163 ganz spontan zwei, drei Gruppen zu dritt, zu viert, ganz spontan, zu dritt, zu viert, und
164 dann versucht mal diese Aufgabe zu lösen.

165 Ihr könnt erst ma auf dem Material arbeiten, auch anstreichen, versucht ma eine Lö-
166 sung zu finden, wie wir das herauskriegen können, wie wir das ergründen können!
167 Dreht euch also einfach mal so ein bisschen spontan um und äh zwei dreier oder vierer
168 Gruppen für die nächsten fünf, sechs Minuten. Versucht das mal *unter diesem Blick*,
169 versucht das mal heraus zu bekommen. (Schüler setzen sich um und reden) (L. gibt
170 Mitarbeitern einen Zettel)

171 [Gruppenarbeit (12:38-18:35)]

172 L: zu einer Schülerin in einer Gruppe: Tja, das sollt ihr ja alleine ma versuchen. xxx Wie
173 könnten wir vielleicht ermitteln, ob es ein Wirtschaftswunder war oder nicht? Woran
174 könnte mans messen, feststellen? Erkunden? Klingt spannender!

175 S: xxx

176 L: xxx

177 L: (zu einer Gruppe) Ihr sollt auch arbeiten hier. Das ist ein Arbeitsblatt. (Gelächter)
178 Das ist ein Arbeitsblatt. Ne, ne, M1 erst ma. Nur Me1, nur M1, die Statistik.

179 L: So, meine Damen und Herren, wir wollen die Gruppenarbeitsphase, die Arbeitspha-
180 se beenden. Deswegen bitte jetzt die Gruppen wieder auflösen und damit jeder ent-
181 sprechend ordentlich schreiben kann *und nach vorne blicken kann*. Die, die die Plätze
182 getauscht haben, gehen mal wieder zurück. (Schüler rücken, noch während der L. fragt)

83 So, welche Erkenntnisse habt ihr gewonnen? Wollen wirs erst mal im Einzelnen be-
84 trachten, um dann vielleicht zu einer Schlussfolgerung zu kommen. Gut. Erst mal im
85 Einzelnen, um dann zu ner Schlussfolgerung zu kommen. Was habt ihr festgestellt?
86 Bruttosozialprodukt, was isn das überhaupt?

87 S: xxx

88 L: Also vereinfacht gesagt, all das, was ein Volk, die Menschen in einem Land, in einem
89 Jahr erwirtschaften an Werten. Vereinfacht gesagt. Wie hat sich das Bruttosozialpro-
90 dukt in den fünfziger Jahren entwickelt? Wie könnten ma das einschätzen? Normal?
91 Annika!

92 S: Ja, die Ausgaben, die xxx haben sich halt verdreifacht.

93 L: Verdreifacht. (L. schreibt an) Der private Verbrauch, wie hat sich der entwickelt? Ist
94 auch so ne Kennziffer. Wie hat sich der private Verbrauch entwickelt? (Pause) Marlen!

95 S: Ja, der ist auch gestiegen.

96 L: Hm, könnten wir das irgendwie konkret machen?

97 S: Ums Vierfache vielleicht?

98 L: Ums Vierfache? In den fünfziger Jahren?

99 S: Ehm, nee. Äh, …

00 L: Pi mal Daumen (L. zeigt Daumen), grob gesagt?

01 S: Die Hälfte.

02 L: Ja, wie nennt ma das dann, es ist…?

03 S: Verdoppelt.

04 L: Verdoppelt, ja, verdoppelt, wir können sogar sagen mehr als verdoppelt. (L. schreibt
05 an) Mehr als verdoppelt. Das könnte ma jetzt mathematisch errechnen, das 2,3fache
06 oder was weiß ich. So genau wollen wir jetzt gar nicht sein. Das Einkommen, was die
07 Leute im Portemonnaie hatten? War damals noch Lohntüte. xxx. Musste am Monats-
08 ende dann zum Lohnbüro und eine Papiertüte abholen mit Bargeld, so war das.

09 S: Hat sich verdoppelt.

10 L: Hat sich verdoppelt. Innerhalb von zehn Jahren verdoppelt. Erzählt das nicht euren
11 Eltern. In zehn Jahren verdoppelt, das Einkommen, innerhalb von zehn Jahren. Das
12 heißt, die Leute hatten statt 200 Mark 400 Mark in der Lohntüte, so ungefähr. Die Zahl
13 der Erwerbstätigen? Das heißt, Menschen die nen Job hatten. Annika!

214   S: Ja, die ist gestiegen, also extrem, sechs Millionen.

215   L: Wie viel mehr geworden?

216   S: 6 Millionen.

217   L: Ja, schreiben wir einfach so, plus 6 Millionen Menschen (L. schreibt an). Innerhalb
218   von zehn Jahren stieg die Zahl der Erwerbstätigen um 6 Millionen Menschen, 6 Millio-
219   nen Menschen mehr in Arbeit und Brot. Das hat schon mal jemand versprochen ge-
220   habt. Aber das ist nicht unser Thema. Wie hoch war die Arbeitslosenquote? Wie hat
221   sich die entwickelt? Die Zahl der Arbeiter, die keine Arbeit hatten? Gibt man ja in
222   Prozent an. Lisa!

223   S: Die ist doch um zehn Prozent gesunken.

224   L: Um zehn Prozent gesunken. Das heißt also von…?

225   S: Zehn Prozent weniger.

226   L: Zehn Prozent weniger, also von elf Prozent auf zehn Prozent?

227   S: Nä.

228   L: Jetzt haben wir ein mathematisches Problem. Ne? Ich würde sagen, es sind tausend
229   Prozent. Wie können wirs anders ausdrücken? Zehn Prozent stimmen ja nicht. Zehn
230   Prozent von zehn Prozent wäre eins weniger, also neun Prozent. Zehn Prozent von
231   zehn Prozent sind neun Prozent. Also Tausend. Aber: wie können wir es anders aus-
232   drücken, einfacher?

233   S: Sind auch *auf* 1,3 Prozent gesunken.

234   L: Ja. Und wenn ma das jetzt so im Verhältnis nehmen zu hundert Prozent, dann kön-
235   nen wir eigentlich sagen, dass es damals, Ende der 50er Jahre, so wie das *Stichwort* 1960,
236   kaum Arbeitslose gab. Hm, es gab kaum Arbeitslose. Na, ein Prozent, das is, is doch
237   relativ gering. Ja, kaum Arbeitslose (L. schreibt an) oder ich noch kühner und sage: fast
238   Vollbeschäftigung (L. schreibt).

239   Vorhin kam die Frage aus der Gruppenarbeit heraus, äh, „Wie ist denn die Quote
240   heute?". Weiß es jemand? (Schüler schaut zu Lehrer) Ich habs dir verraten, nicht verra-
241   ten, aber „Weiß es jemand?" Ach, dir hab ichs schon gesagt Mensch. Ja, heute so um
242   neun Komma in Gesamtdeutschland. Ost und West siehts noch anders aus. Wie ist es
243   da noch im Moment? (Schüler flüstern) Ja so ungefähr, 23, wir hatten schon ma 24, 25,
244   23 Prozent Arbeitslose. Ein Prozent, von 11,1, *auf 1,3*. Fast Vollbeschäftigung. Und
245   mussten die Menschen nun für all das mehr arbeiten, damit das alles (L. zeigt auf Tafel-
246   bild) erreicht werden kann? Annika!

47   S: Die mussten vier Stunden weniger arbeiten.

48   L: Ja, vier Stunden weniger arbeiten. Die Arbeitszeit hat sich verringert (L. schreibt an).
49   Das heißt, es wurde mehr geschaffen, die Leute konnten mehr verbrauchen, hatten
50   mehr im Portemonnaie und mussten weniger arbeiten. Wie sah es mit dem Urlaub aus?
51   Wie hat sich die Zahl der Urlaubstage entwickelt in den fünfziger Jahren? Florian!

52   S: Na, die hatten viel mehr Urlaub.

53   L: Ja, also kann man sagen, hat sich „erhöht" (L. schreibt an). Also, die Wirtschaftswer-
54   te haben sich verdreifacht, verdoppelt, höheres Einkommen, weniger Arbeit, mehr
55   Urlaub. Wie hört'n sich das an?

56   S: (murmelnd) Klasse.

57   L: Klasse, oder anderer Kommentar? Wie hört sich das an? Wie hört sich das für Julia
58   an?

59   S: Hä?

60   L: Bist schüchtern heute? (Schülerin nickt) Ah, alles klar. Ist ungewohnt, die Kamera,
61   ist schüchtern (Schüler lachen). Wie könnte man es noch beschreiben, zusammenfas-
62   send beschreiben?

63   S: Als Wirtschaftswunder.

64   L: Als Wunder, natürlich, is ein richtiges Märchen. Erzählt das doch mal euren Eltern,
65   dass sie in zehn Jahren doppelt so viel Einkommen haben, die Arbeitszeit verringert
66   und die Urlaubstage mehr werden. Ist doch ein Märchen oder ein Wunder, also können
67   wir sagen: daraus gibt, vorher noch als Frage. Jetzt kann man sagen „Joa, es war ein
68   Wirtschaftswunder!" (L. schreibt an) Von mir aus dreie (bezieht sich dabei auf die
69   angeschriebenen Ausrufezeichen). Es war ein Wirtschaftswunder. Können wir nich
70   anders bezeichnen. Es war ein Wirtschaftswunder. (Pause) Daraus ergibt sich für uns
71   jetzt ne Frage?

72   S: Ja, wer das so hingekriegt hat?

73   L: Wer das so hingekriegt hat, oder anders formuliert, „Wie war das möglich?" (L.
74   schreibt an) Wie war das Wirtschaftswunder möglich in den fünfziger Jahren? Wie war
75   das Wirtschaftswunder möglich in den fünfziger Jahren? (Pause) Wie kriegen wir das
76   raus?

Ein Wirtschaftswunder

50er-Jahre

Bruttosozialprodukt	- verdreifacht	
Privater Verbrauch	- mehr als verdoppelt	
Nettoeinkommen	- verdoppelt	
Zahl der Erwerbstätigen	- + 6 Millionen Menschen	Ein Wirtschafts-
Arbeitslosenquote	- fast Vollbeschäftigung	wunder!!!
Arbeitszeit	- verringert	
Urlaubstage	- erhöht	

Wie war das möglich?

---

277 S: Ja, das war bestimmt der dicke Mann da *vorne.*

278 L: (lacht) War bestimmt der dicke Mann da, hm. Ja gut, auf den dicken Mann kommen
279 wir nachher nochmal zu sprechen. Aber ein Einzelner kanns ja nicht gewesen sein,
280 oder? Is dass…

281 S: … naja …

282 L: … is das realistisch zu sagen „Ein Einzelner war das?"

283 S: Nee, aber …

284 L: Er hat was damit zu tun, jaa, das, das machen ma noch, was der noch dazu getan hat.
285 Auf den dicken Mann kommen wir noch. Wir gehen gerade weiter, auf den kommen
286 wir noch. Wie können wir das herausfinden? Wie war das möglich? Können wir die
287 Frage auch anders formulieren? „Wie war das möglich, dieses Wirtschaftswunder?",
288 oder „Was waren die Ursachen, die Gründe?", um ma wieder in die Kategorien rein zu
289 kommen. Wie, warum, was waren die Ursachen, die Gründe? Und dafür haben wir jetzt
290 ein Text. Ihr wisst, dass wir kein Lehrbuch haben, deshalb habe ich mal woanders einen
291 rausgeholt. Als Material M2 (L. schreibt „M2" an), das ist wieder in Einzelarbeit. Jetzt
292 in die Einzelarbeit, das Material 2, den Text durchlesen. Jeder bewaffnet sich mit Lineal,
293 Bleistift oder Buntstift oder Textmarker und mit diesen Werkzeugen bearbeitet jeder
294 jetzt den Text, indem ihr die Passagen im Text findet, die uns Hinweise und Informa-
295 tionen geben, wie dieses Wirtschaftswunder möglich war. Die Ursachen dafür waren
296 …, die Gründe dafür waren… . Und nichts rausschreiben, nur mit Werkzeugen be-
297 waffnen, den Text bearbeiten und die Stellen markieren, oder Aussagen dazu finden.
298 (Pause) Den Text M2. (kurze Ruhe)

99 S: Kann das sein, das da eine Null fehlt? Da steht: 1948 hatten wir durchschnittlich
00 sechshundert drei null null Arbeitslose.

01 L: Ja, Tippfehler. Sechshunderttausend. (Ruhe)

02 [Einzelarbeit (28:30 – 34:49)] (L. wischt die Tafel und schreibt neue Wörter an)

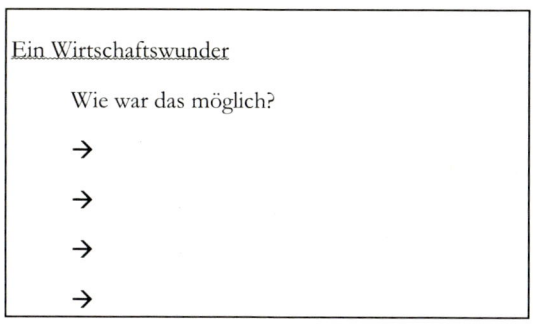

Ein Wirtschaftswunder

    Wie war das möglich?

→

→

→

→

03 L: So, wie war das möglich? Ja, ich gehe weg (wegen Tafelbild). Wie war das möglich?
04 Was waren die Gründe dafür, dass es zu diesem Wirtschaftswunder kam, wie wir es
05 bezeichnet haben? Franziska fängt mal an! Äh, schuldigung,äh Lisa. Sorry.

06 S: Ähm, ja, also es …

07 L: Lisa!

08 S: … es gab mehr Arbeitsplätze, weil, ähm, der Export sich vervielfacht hat und ähm
09 drei Prozent die Produktion vor allem in den Erzeugnissen. Dadurch vielleicht, ähm,
10 gab es die eigentlichen Fortschritte, das heißt, es ist klar, dass es dann Arbeitsplätze gab.

11 L: Sind das jetzt Ursachen des Wirtschaftswunders oder vielleicht schon Ergebnisse?

12 S: Ja, sind eher Ergebnisse.

13 L: Aha.

14 S: Ja, ähm, also die Bedingungen…

15 L: Wie jetzt?

16 S: … ja, auf jeden Fall xxx die Menschen, dass sie jetzt xxx die Betriebe wieder, ähm,
17 äh, also, wieder betriebsfähig sind, also dass sie wieder funktioniert ham…

18 L: Ja.

319   S: … und ähm …

320   L: Warte, warte, warte. Das persönliche Engagement der Menschen sagt sie. (L. schreibt
321   an) Wollen wir das ma festhalten. Das persönliche Engagement der Menschen. (Pause)
322   Nenne es immer gerne die „Ärmel-hoch Mentalität", „Jetzt wollen ma was schaffen."
323   Ja, persönliches Engagement. Ein weiterer Punkt? Nadine.

324   S: Ähm, starke Geburtsjahrgänge von Mit- Enddreißigern, die dann halt ja derzeit xxx
325   bis 1952 xxx arbeiteten.

326   L: Ah, dass also sozusagen Personen in der Lage waren, sich daran zu beteiligen, sich
327   persönlich daran zu engagieren. Würde ich jetzt ma dazu nehmen wollen, unter dem
328   Gesichtspunkt. Annika!

329   S: (sagt leise was)

330   L: Laut und deutlich!

331   S: Die Währungsreform.

332   L: Welche Währungsreform?

333   S: Die Neue!

334   L: Da gabs eine Währungsreform. Könnt ihr jetzt noch nicht ganz so wissen, weil die
335   Frau xxx mit euch noch nicht so weit ist (L. schreibt währenddessen an). 1948 gabs eine
336   Währungsreform in den drei westlichen Besatzungszonen, die werden denn ja logi-
337   scherweise 1949 auch in der Bundesrepublik Deutschland sein. Die Währungsreform
338   1948, wie gesagt, Frau xxx macht das noch ausführlicher (L. schreibt an), und da wurde
339   die DM eingeführt. Die Einführung der D-Mark. Historische Zusammenhänge, wie
340   gesagt, in Geschichte. So, wollen die Fakten zusammentragen. Weiter!

341   S: Ja dadurch die Einführung der freien Marktwirtschaft.

342   L: Aha, die Einführung der freien Marktwirtschaft, die Einführung oder Entfaltung,
343   freie Entfaltung der Wirtschaft. Die Wirtschaft (schreibt an) konnte sich frei entfalten.
344   Freie Entfaltung der Wirtschaft in den drei westlichen Besatzungszonen nach 1945 und
345   dann, nachdem die Bundesrepublik Deutschland gegründet wurde, in der Bundesrepu-
346   blik Deutschland. Und noch nen vierten Aspekt nennt der Text. Einen vierten Aspekt
347   nennt der Text. Gregor!

348   S: Ja, äh, die Unternehmer waren von Ideen besessen (L. hält Hand ans Ohr als Zei-
349   chen für lauteres Reden). Unternehmer waren von den, äh, waren von den Ideen beses-
350   sen (L. zeigt auf Punkt vier).

51   L: Damit einverstanden, persönliches Engagement der Menschen?

52   S: Ehm (zustimmend).

53   L: Ne, nehmen ma da mit rein. Gut.

54   S: (murmelt was)

55   L: Ja, es gab auch Hilfe aus dem Ausland (L. schreibt an). Es gab auch Hilfe aus dem
56   Ausland. Vor allem aus den USA. Jetzt fehlt euch wieder ein bißl historisches Wissen.
57   1947/48 gab es umfangreiche Hilfe vor allem aus den USA. Das war ein Förderprog-
58   ramm und das nannte sich „Marshall-Plan". Einzelheiten in Geschichte.

59   Also, die Währungsreform, die Einführung der einheitsstaatlichen Währung, freie
60   Entfaltung der Wirtschaft, die Auslandshilfe, und natürlich auch das persönliche Enga-
61   gement der Menschen, die Ideen der Unternehmer, ja, was Neues aufzubauen, sich zu
62   engagieren, sich einzubringen, die Ärmel hochzukrempeln. „Jetzt wollen wir wieder was
63   aufbauen nach den verlorenen Kriegen, der xxx Zerstörung. Jetzt wollen wir wieder
64   etwas aufbauen!", diese Mentalität. Und das musste doch aber alles irgendjemand koor-
65   dinieren? (Pause) Das musste doch alles irgendjemand koordinieren; unmittelbar nach
66   dem Kriege. Wer könnte das gewesen sein?

67   S: (murmeln)

68   L: Ja, wie bitte?

69   S: Der dicke Mann.

70   L: Der dicke Mann. Der dicke Mann, Ludwig Erhardt. Und nicht nur er und auch
71   andere haben das also angekurbelt, angeschoben, weiter lenkt und deswegen werden
72   diese Leute, zu denen auch Ludwig Erhardt gehört, auch die „Väter" dieses Wirt-
73   schaftswunders genannt (L. schreibt an). Die Väter dieses Wirtschaftswunders. Und das
74   war ebend jener Ludwig Erhardt. Und ich möchte euch noch nen zweiten, nen zweiten
75   Namen nennen, den ihr euch bitte mitnotiert (L. schreibt immer noch an), Alfred
76   Müller-Armack.

Ein Wirtschaftswunder
Wie war das möglich? → Währungsreform (1948) → Einführung der D-Mark → freie Entfaltung der Wirtschaft nach 1945 → Auslandshilfe („Marshall-Plan") → persönliches Engagement der Menschen   („Ärmel-hoch-Krempeln") „Väter" dieses „Wirtschaftswunders" Ludwig Erhardt Alfred Müller-Armack

377 (L. macht Overheadprojektor an; eine Folie mit beiden Gesichtern)

378 Und so sahen se richtig aus. Links, ja also rechts, rechts im Bild, der etwas größere
379 Herr, das war also Ludwig Erhardt. *War* unsere Karikatur, war doch nicht so übertrie-
380 ben, ne, ja, aber ein kräftiger Mann. Rechts Ludwig Erhardt, und links, der Herr mit der
381 Brille, das war also Alfred Müller Armack. Das waren die „Väter", zwei „Väter" des
382 Wirtschaftswunders. In welcher Funktion, in welchem Amt? Das könnt ihr leider noch
383 nicht wissen, weil ihr in Geschichte noch nicht so weit seid. Ludwig Erhardt war da-
384 mals, in den fünfziger Jahren (L. schreibt an) in der Bundesrepublik Deutschland der
385 Wirtschaftsminister, der Wirtschaftsminister. Hatten 1949 die erste Bundesregierung –
386 Bundeskanzler damals Konrad Adenauer von der CDU – und der hatte einen Wirt-
387 schaftsminister, der für die Wirtschaft zuständig war, das alles zu organisieren, und das
388 war Ludwig Erhardt, auch von der CDU. Und er hatte einen Helfer in seinem Ministe-
389 rium. Und dieser Helfer, seinen ersten Helfer, die nennt man dann Staatssekretär und
390 Staatssekretär im Wirtschaftsministerium der Regierung Adenauer in den fünfziger
391 Jahren war Alfred Müller-Armack. (Pause) Diese beiden oder *unter* der Leitung dieser
392 beiden, Erhardt und Alfred Müller-Armacks, wurden also, entwickelte sich dieses
393 Wirtschaftswunder und dieses Wirtschaftswunder stellte zugleich auch etwas Neues dar,
394 eine neue Wirtschaftsordnung dar. Wir haben ja bisher zwei idealtypische Wirtschafts-
395 ordnungen kennengelernt gehabt, in der Theorie. Was waren die zwei idealtypischen
396 Wirtschaftsordnungen, die wir kennengelernt haben? Gregor!

397 S: Marktwirtschaft und Zentralverwaltungswirtschaft.

398 L: Ja. Und das, was Ludwig Erhardt uns und Alfred Müller-Armack jetzt hier geschaf-
399 fen haben wird auch als dritter Weg bezeichnet, ein dritter Weg, ein Weg zwischen
400 Markt... freier Marktwirtschaft und Zentralverwaltungswirtschaft. Und dafür hat man
401 mal einen Begriff gefunden, nämlich: „Soziale Marktwirtschaft". Das könnt ihr euch

02 jetzt hier noch drunter schreiben. Ich habe jetzt keinen Platz mehr, deswegen schreibe
03 ich jetzt hier hin (L. schreibt an dies an eine Seitentafel). Soziale Marktwirtschaft. Die
04 Wirtschaftsordnung, die Wirtschaftspolitik der fünfziger Jahre, von Ludwig Erhardt
05 und Alfred Müller-Armack angeschoben, gelenkt, in die Wege gebracht, nennt man die
06 „Soziale Marktwirtschaft". Und dieses Wirtschaftsmodell, diese Wirtschaftsordnung der
07 Sozialen Marktwirtschaft wurde dann in den sechziger, siebziger, achtziger, neunziger
08 Jahren weiterentwickelt und ist ja, ist damit auch im Prinzip heute noch in der Wirt-
09 schaft zu finden. Und deswegen werden wir uns nach Neujahr, nächste Woche wie
10 gesagt die Leistungskontrolle, xxx, Leistungskontrolle, zur letzten Stoffeinheit, machen
11 ma nächste Woche und nach Neujahr dann haben wir noch vier, fünf Stunden bis zu
12 den Winterferien und dort werden wir uns mit leider nur einigen wenigen Aspekten der
13 dieser Wirtschaftsordnung auseinandersetzen. Was heißt das „Soziale Marktwirt-
14 schaft?", wie hat das letztendlich alles im Einzelnen funktioniert? Das ist dann das, was
15 wir also nach Neujahr dann im letzten Stoffgebiet zum Thema Wirtschaft (Klingelzei-
16 chen) veranstalten wollen. Das wars.

Ein Wirtschaftswunder	
Wie war das möglich? → Währungsreform (1948) → Einführung der D-Mark → freie Entfaltung der Wirtschaft nach 1945 → Auslandshilfe („Marshall-Plan") → persönliches Engagement der Menschen („Ärmel-hoch-Krempeln") ⇓ „Väter" dieses „Wirtschaftswunders" Ludwig Erhard (Wirtschaftsminister) Alfred Müller-Armack (Staatssekretär)	„soziale Marktwirtschaft"